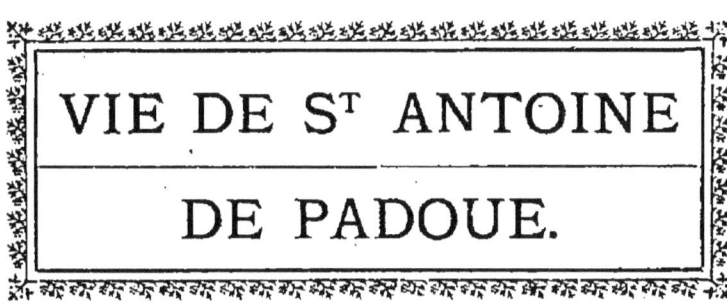

13me SÉRIE.

VIE DE S^T ANTOINE DE PADOUE

PAR

A. de Condé.

OUVRAGE ILLUSTRÉ DE 16 GRAVURES.

Société de Saint-Augustin,

DESCLÉE, DE BROUWER et Cie.

1896.

VIE DE Sᵀ ANTOINE DE PADOUE.

Chapitre Premier.

> Heureuse ! trois fois heureuse Lusitanie !
> Et toi aussi, ô Lisbonne, tu es heureuse,
> un nouveau bienfait met le comble à ta
> prospérité. *(François Mendoza.)*

Es cloches de la cathédrale de Lisbonne annonçaient la fête glorieuse de l'Assomption de Marie. Au Ciel, les saintes phalanges célébraient en de pieux concerts les gloires de leur Reine, pendant que sur la terre tous les fronts s'inclinaient dans l'adoration de son divin Fils.

C'était le 15 août de l'an 1195.

En ce jour béni, les portes d'un palais, situé non loin des rives du Tage, s'ouvrirent, et la foule des grands y pénétra pour saluer le premier-né d'une des plus nobles maisons du Portugal.

Le prince à qui le Ciel venait de donner un héritier, s'appelait Martin de Bouillon. Il était le petit-fils de ce Vincent de Bouillon, de glorieuse mémoire, nommé, par le roi Alphonse, gouverneur de Lisbonne, en récompense de ses victoires sur les Maures.

Dans le passé de sa famille, un nom plus éclatant encore illustrait la noble lignée. Godefroid de Bouillon, le héros de la première croisade, nommé roi aux portes de Jérusalem, au pied même du Calvaire, comptait parmi les ancêtres de l'enfant dont on fêtait la naissance.

Du côté maternel, ses aïeux n'étaient pas moins illustres ; Thérèse Tavera, l'heureuse mère, revendiquait, parmi les siens, les premiers rois des Asturies.

Le fils que le Ciel, dans sa clémence, lui envoyait en ce jour de l'Assomption, fut baptisé dans la cathédrale de Lisbonne, au milieu d'une assemblée princière. Il reçut le nom de Fernando.

Tous les bonheurs terrestres semblaient

réunis sur cette jeune tête : la gloire des aïeux, la faveur royale, la richesse, les honneurs ; et, afin que ces félicités fussent sanctifiées dès ici-bas, l'amour de toutes les vertus et la fidélité à l'Eglise, étaient de tradition dans sa famille.

L'enfant dont nous allons essayer de redire l'histoire, ne gardera de cet héritage que la seule part qui produise des fruits de salut.

Né au sein des grandeurs, on le verra, tout enfant, repousser ces radieuses visions pour embrasser la sainte pauvreté, et, sûr de lui-même, sous l'égide de ce guide fidèle, traverser la vie, le regard levé vers le Ciel.

Ce fut sa mère, Thérèse de Bouillon, qui dirigea ses premiers pas.

Son âme, éprise de la vertu, sut communiquer à son fils cette crainte salutaire du péché, qui rend la jeunesse invincible. Les premières paroles de l'enfant furent une prière ; son premier chant une hymne à la Vierge Marie. Dans les allées du parc de Lisbonne, sous les cloîtres de l'abbaye de Coïmbre, plus tard en parcourant les chemins de l'Ombrie nous l'entendrons répéter sa prière : « *O gloriosa Virginum sublimis inter sidera ;* ô glorieuse Vierge, plus sublime que les astres. »

Ce chant tout rempli d'amour, l'enfant le redisait un soir, à genoux devant l'autel de Notre-Dame del Pilar, dans la cathédrale de Lisbonne.

L'innocence de son cœur, la candeur de sa pensée, peut-être une vision de l'avenir, firent frémir l'ange des ténèbres. Levant les yeux vers la céleste image qu'il implorait, l'enfant vit soudain se dresser devant lui Satan dans toute sa hideur.

Sans crainte, car déjà il connaissait la force invincible de la Croix, Fernando inclina son front vers le sol et, poursuivant son hymne : *Qui te creavit parvulum*, il traça de son petit doigt sur l'escalier de la chapelle le signe de la Rédemption. O mystère de la foi ! le doigt de l'enfant s'enfonça dans la pierre comme s'il eût écrit sur le sable, et la croix qu'il y traça resta gravée sur la dalle du saint lieu.

Ce signe, on le voit encore de nos jours.

Ni les baisers des pèlerins, ni les larmes qui l'ont couvert, ni la suite des siècles, ne sont parvenus à l'effacer.

Quand il eut atteint sa septième année, ses parents le confièrent à la *Scola* de Lisbonne.

Ces écoles du moyen-âge, bâties à l'ombre des cathédrales, formaient la jeunesse aux sciences et à la vertu. La *Scola Episcopi* comptait parmi les meilleures. Les chanoines qui y enseignaient, s'ingéniaient à faire de leurs élèves, non seulement de doctes savants, mais aussi des hommes dévoués à l'Église de Jésus-Christ.

Fernando y fut admis avec joie, et devint bientôt l'élu de ces cœurs virils. Son obéissance, sa modestie, sa douceur, sa pureté étaient exemplaires. Rien dans sa personne n'attirait une attention vulgaire : il n'aimait ni les jeux prolongés, ni le faste des habits, ni les éclats d'une joie bruyante.

Ecouter les doctes leçons de ses maîtres, chanter les louanges du Seigneur, cueillir des fleurs pour parer l'autel de Marie, telles étaient ses plus chères occupations.

Quelques années s'écoulèrent au milieu de cette paix profonde. Fernando fit probablement alors sa première Communion. Combien l'on aime à se représenter cet adolescent au regard candide, où se reflète la pureté angélique de son âme, se préparant à l'acte solennel qui couronne une pieuse enfance !

Tout jeune encore, ravi par l'éclat de la virginité de Marie, dont il entendait célébrer la beauté, il avait fait le vœu de lui rester fidèle. Dans quel trésor de grâces JÉSUS allait-il donc descendre une première fois !

Malheureusement les détails manquent sur ces années passées à l'ombre du sanctuaire, dans la préparation de cette âme au plus éclatant des apostolats.

Mais ce que son annaliste met en lumière nous fait suffisamment entrevoir tout ce qu'il y avait d'exquis dans cet adolescent, prédestiné aux plus grandes choses.

Lorsque Fernando eut terminé ses études, son père le rappela au palais de Bouillon. Ses biographes nous le dépeignent à cette époque plein de charmes extérieurs. Il était de taille moyenne mais bien prise ; il

LISBONNE. — LA CATHÉDRALE.

avait la tête intelligente et belle, le teint légèrement bistré. Son front large, d'une coupe parfaite, se penchait dans la méditation ; son regard était profond, réfléchi ; sa bouche, aux lèvres un peu fortes, exprimait la bonté ; le nez était droit, aux ailes mobiles; tout son maintien, en un mot, disait sa force, sa constance, mais aussi sa profonde humilité.

L'instruction qu'il avait reçue était sérieuse, son éducation parfaite. Il joignait aux attraits extérieurs une élocution facile, un esprit vif et pénétrant, et le cœur le plus chaud, le plus généreux, le plus chevaleresque des fils de sa race.

Quand il parut pour la première fois au milieu de la brillante société de Lisbonne, il y fut accueilli avec toutes les marques de la plus flatteuse distinction. Jeune, beau, instruit, possesseur d'un grand nom et d'un apanage princier, assuré de la faveur royale, Fernando pouvait aspirer aux situations les plus hautes. Mais, placé en face des séductions du monde, et craignant avec raison la fascination qu'exerçaient autour de lui le luxe et la vie de plaisirs, Fernando n'hésita pas un instant.

Il avait pu juger la société lisbonnine la veille encore, au milieu d'une fête princière; à l'aube, il sortit sans bruit du palais de Bouillon, et dirigea ses pas vers le monastère de Saint-Vincent, situé aux portes de la ville.

C'était le 10 août de l'année 1210, pendant la neuvaine qui précède la fête de l'Assomption. Fernando allait avoir quinze ans.

Chapitre Deuxième.

> O Antoine, ô serviteur du CHRIST, réjouissez-vous, car, dès votre plus tendre enfance, le Seigneur vous fit prendre la route du Ciel.
>
> *(Hymne des joies de saint Antoine.)*

CE fut le cœur livré à la plus sainte émotion que l'abbé accueillit l'enfant qui venait chercher, dans son pieux asile, une sauvegarde pour sa vertu. L'âme de Fernando était inondée de joie, et ce fut avec les sentiments de la plus vive reconnaissance qu'il reçut l'habit que les chanoines lui conférèrent aussitôt.

Revêtu de la robe blanche, du cordon et de l'aumusse, le jeune gentilhomme sentit croître encore en lui l'amour du CHRIST, auquel il voulait tout sacrifier ; pourtant ce n'était là que la première étape en la voie du renoncement.

Lorsqu'on apprit, dans la haute société de Lisbonne, que don Fernando de Bouillon, avait quitté le monde pour le cloître, ce fut une explosion de colère contre le jeune fugitif. Sa famille elle-même s'alarma d'une

CHAPITRE DEUXIÈME.

vocation qui lui semblait au moins prématurée, et résolut de mettre sa fermeté à l'épreuve. Dès lors, il ne se passa guère de jour où Fernando ne fût assailli de démarches, d'injonctions et de prières. Ses amis connaissaient sa retraite ; ils allèrent le voir fréquemment, et l'écho de leurs folies vint troubler le jeune postulant jusqu'au fond de sa cellule. D'autres, animés de meilleures intentions, mais peut-être plus imprudents encore, accouraient implorer ses conseils, lui demander des prières, proclamant bien haut que Dieu ne pouvait rien lui refuser.

L'humilité du jeune moine s'alarmait de ces témoignages de respect. Le monde qu'il avait fui le poursuivait jusqu'au pied des autels.

Fernando s'en ouvrit à l'abbé. Il voulait, lui dit-il, quitter cette terre trop hospitalière, où chacun s'ingéniait à semer des fleurs sous ses pas, et échapper ainsi aux tentations d'un monde auquel il avait renoncé.

L'abbé résista longtemps. Certains l'ont blâmé, mais quel cœur ne le comprend aujourd'hui ? Il appréciait si haut les vertus du jeune clerc, sa douceur, son obéis-

Saint Antoine.

sance, les dons parfaits dont le Ciel l'avait comblé !

Se dessaisir d'un tel trésor semblait impossible à son âme d'apôtre. Il céda enfin, non sans déchirements et sans combats.

Le jeune chanoine lui fit ses adieux au milieu des larmes, et seul, sans conseil, mais fort de par Dieu, il dirigea ses pas vers le monastère de Sainte-Croix de Coïmbre.

Il y fut accueilli avec ravissement et commença aussitôt cette vie d'étude, de méditation et de prière qui était celle des chanoines réguliers de Sainte-Croix. Levé dès l'aube, Fernando se rendait à l'église, où il s'agenouillait sur les dalles, laissant sa jeune âme s'envoler vers les splendeurs célestes qu'il entrevoyait déjà. Le Seigneur, qui le destinait à de grandes choses, le lui témoigna bientôt par des prodiges.

Un matin, se trouvant à quelque distance de l'église du monastère, *il entend la clochette qui tinte pour l'Élévation.*

Il se prosterne aussitôt et adore l'Hostie qu'il ne peut voir, mais dont il sent la divine présence. O prodige ! le mur du lieu saint

CHAPITRE DEUXIÈME. 19

disparaît à ses yeux, l'autel où se consomme le Sacrifice se dégage au milieu d'un nimbe radieux, et Fernando contemple l'Hostie sacrée que le prêtre présente en ce moment à l'adoration des fidèles.

Les chanoines de Coïmbre appréciaient, on le comprend, la faveur de compter parmi eux ce cœur d'élite. La douceur du jeune novice les charmait, son respect de la règle et sa modestie excitaient leur admiration. Les dons de l'intelligence, les charmes de l'esprit brillaient en sa personne ; aussi les chanoines, fiers des succès de leur jeune collègue, voulurent-ils en faire un brillant canoniste. Il étudia donc sous leur direction les sciences sacrées et particulièrement les Saintes Ecritures.

La littérature contemporaine, toute de mystère et de figures symboliques, donna une forme nouvelle et gracieuse à l'expression de sa pensée.

Sa mémoire s'assimilait admirablement ses lectures, et bientôt il fut armé pour le rôle prestigieux qui devait être un jour le sien, lorsque, des rives du Tage aux confins de l'Adriatique, sa parole ardente révolutionnera les consciences.

Ainsi Jésus se préparait dans la retraite de Nazareth aux prédications qui devaient renverser le vieux monde, et dresser la Croix triomphante au sommet du Capitole.

Quelques années se passèrent. Fernando reçut les saints Ordres.

Un jour, arriva à Coïmbre une nouvelle qui arracha des larmes aux habitants du monastère de Sainte-Croix. Cette nouvelle, c'était la mort glorieuse de cinq pauvres missionnaires auxquels on avait donné l'hospitalité quelques mois auparavant, lorsqu'ils traversaient la ville, pour aller dans le Midi de l'Espagne évangéliser les Maures.

François d'Assise les avait réunis un soir au sortir de l'office, et après leur avoir donné sa bénédiction, il les avait envoyés prêcher la foi aux infidèles. « *Que Jésus-Christ vous fortifie et vous conduise*, s'était écrié, en terminant, le saint fondateur de l'Ordre franciscain, *qu'il vous console dans les tribulations. Ne craignez rien, le Seigneur est avec vous comme un guerrier invincible. Allez au nom de Dieu qui vous envoie.* » Et ils étaient partis, n'emportant que deux choses : la besace et la Croix, mendiants pour le corps, prodigues pour l'âme.

Ils prêchèrent à Séville ; leur parole vibrante pénétrait les cœurs comme le soleil pénètre le brouillard du matin.

Les esprits s'ouvraient à la lumière, de nombreuses conversions germaient dans les âmes. A ces appels de la grâce, les Musulmans répondirent par des actes de violence. Délivrés enfin, les cinq missionnaires se rendirent au Maroc, où les suppôts de Mahomet les livrèrent au Miramolin, qui les décapita de sa main.

Leurs restes, précieuses reliques, furent ramenés à Coïmbre par ordre de don Pedro, et exposés dans des châsses d'argent à la vénération des peuples.

Le premier qui vint prier devant les cinq martyrs fut le jeune chanoine Fernando de Bouillon, dont le cœur frémissait de l'outrage fait à la Croix.

Dans ses longues méditations en face des restes sacrés, il sentait en lui une soif plus ardente de sacrifice : le désir de donner sa vie pour la foi de JÉSUS-CHRIST.

Il lui semblait que, jusqu'alors, il n'avait rien fait pour DIEU, qu'il devait suivre une autre voie, plus parfaite. La pensée du martyre s'infiltra dans son être le plus intime, et fut dès lors l'objet de ses plus chères méditations. Il y songeait le jour en se promenant dans les longs cloîtres de Sainte-Croix ; il y revenait la nuit, caressant cette vision du martyre comme d'autres caressent les rêves glorieux du monde.

Un jour qu'il demandait au Seigneur la plénitude de ses lumières, il vit tout à coup devant lui un homme à la figure pâle, émaciée, au regard d'ange, au corps diaphane, revêtu de la robe des Franciscains.

Ce qui se dit dans cet entretien mystique est resté un secret entre ces deux âmes : François d'Assise et Ferdinand de Bouillon. François parla longuement à son futur disciple, l'avertissant des épreuves qui l'attendaient, puis il disparut, laissant le jeune chanoine en proie à l'émotion la plus vive.

« DIEU m'appelle au milieu de ces pauvres moines, » se répétait-il, « je dois lui obéir. »

Ce ne fut pas, on le comprend, sans déchirements et sans luttes que les chanoines de Sainte-Croix laissèrent partir celui qu'ils considéraient comme l'honneur de leur Ordre. Il y eut des reproches bien vifs adressés aux pauvres moines franciscains qui leur enlevaient leur plus belle couronne.

Mais tout s'apaise ici-bas.

Fernando revêtit enfin l'habit de saint François, et, accompagné de plusieurs Frères, qui étaient venus à sa rencontre, il prit le chemin de Saint-Antoine d'Olivarès, situé à quelque distance de Coïmbre.

Chapitre Troisième.

> Quel sera donc ce soleil annoncé par une
> si brillante aurore ? *(Lélio Poliziano.)*

LA joie fut grande dans le pauvre couvent de Saint-Antoine d'Olivarès, lorsqu'on vit arriver don Fernando de Bouillon, « *ès-maître en sciences et en vertus,* » ainsi que l'on disait alors.

Pour lui, son premier soin fut d'y chercher cette solitude si chère à laquelle il avait déjà tant sacrifié. Pour se dérober aux recherches de sa famille et de ses amis, il demanda de pouvoir changer de nom. On lui donna celui d'Antoine.

Frère Antoine, ainsi nous l'appellerons désormais, tenait son âme attentive à la voix de l'Esprit-Saint. Son courage s'enflammait chaque jour davantage dans l'ardeur de son oraison. La vision des cinq martyrs du Maroc le hantait, et l'histoire de cette terre africaine, qu'il étudiait chaque jour, excitait encore son amour du sacrifice.

Qui ne serait ému, aujourd'hui même, en comparant la misère profonde de ces contrées

OLIVARÈS. — MONASTÈRE DE SAINT-ANTOINE.

-aveuglées par l'Islam, avec la splendeur des premiers siècles de la Foi ?

Là où nous voyons les temples écroulés, les autels détruits, les peuples avilis ; là où les livrées de Satan sont portées fièrement par des sectateurs corrompus, il y avait, dans les premiers siècles de l'Eglise florissante, de nombreux temples élevés à JÉSUS-CHRIST.

Oh ! elle était grande et honorée, cette Église d'Afrique, qui retentit de la voix des Augustin, des Tertullien, des Optat, des Fulgence ! Sept cents évêques gouvernaient cette terre arrosée du sang des martyrs, illustrée par de savants conciles. Les peuples vivaient heureux sous le gouvernement paternel des évêques, et marchaient vers la civilisation et le progrès. Mais vinrent les jours néfastes de vengeance et de colère. Les Vandales, et plus tard les sectateurs de Mahomet, envahirent ces contrées, renversèrent les temples, brûlèrent ou pillèrent les communautés, emprisonnèrent les prélats et les prêtres, dispersèrent les fidèles.

Et sur ces ruines amoncelées, naquit cette religion monstrueuse, dégradante, infâme, qui courbe les cœurs vers la fange au lieu de les élever vers le Ciel. Antoine médita ces choses dans l'intimité de son union avec Dieu; il en fit le sujet de ses conversations avec ses supérieurs; et ceux-ci, cédant enfin à ses désirs, l'envoyèrent, à la suite de tant d'autres, évangéliser les Maures.

Mais là n'était pas le théâtre sur lequel Antoine devait exercer sa sublime charité. A peine débarqué au Maroc, le jeune religieux tomba gravement malade, et ses supérieurs, instruits de son état et craignant de le perdre, le rappelèrent en Portugal.

Il obéit, quoique très souffrant encore, et s'embarqua pour retourner dans sa patrie. Mais le navire, qui voguait vers les rives du Tage, fut soulevé par la tempête et porté par les flots sur les côtes de la Sicile. Il jeta l'ancre à Taverna, et Antoine fut forcé de s'y arrêter.

Il y avait alors à Messine un couvent de pieux Franciscains. Antoine dirigea ses pas vers ces frères inconnus, qui le reçurent avec une tendre compassion.

Il demeura quelque temps parmi eux,

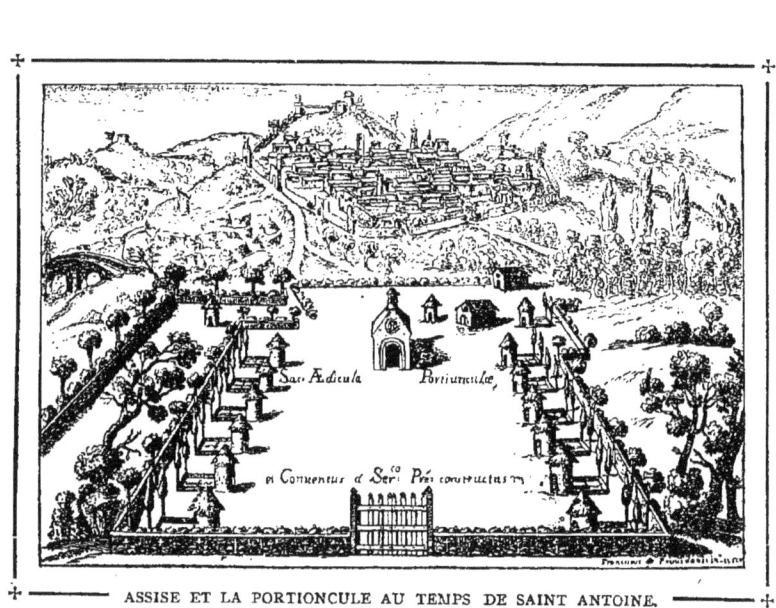

ASSISE ET LA PORTIONCULE AU TEMPS DE SAINT ANTOINE.
(Estampe tirée du *Collis Paradisi Amoenitates*, etc., 1704.)

reprenant des forces au milieu des jardins délicieux de la Sicile ; il y planta, dit la légende, un oranger que la tradition désigne encore aux voyageurs de nos jours.

Saint François réunissait en ce temps-là à Assise le Chapitre de l'Ordre. Antoine s'y rendit. Le concile devait avoir lieu à la Pentecôte de l'année 1221. Il fut tenu dans les bois voisins du monastère. Trois mille Frères y prirent part sous la présidence de François d'Assise, dont la présence enflamma les courages et réconforta les cœurs chancelants ; puis ils se dispersèrent, car ils étaient désormais trop nombreux pour vivre à côté les uns des autres.

Au moment du départ, Antoine, qu'aucun Frère ne connaissait, s'approcha du Père Gratien, provincial de Bologne, et le supplia, les larmes aux yeux, de l'emmener avec lui. Le provincial contempla un instant ce jeune Frère, si modeste et si doux, qui l'implorait du geste et de la voix, puis, l'embrassant, il le prit par la main :

« Venez, lui dit-il, puisque telle est la volonté du Seigneur. »

Les deux voyageurs ne s'arrêtèrent qu'à Monte-Paolo, près de Forli, au pied même de l'Apennin, et Antoine fut laissé libre de mener la vie contemplative, si telle était sa volonté.

Un ermitage était construit au milieu d'un bois d'orangers, non loin du couvent, retraite embaumée, remplie de bruits d'ailes et de chants d'oiseaux ; Antoine s'y rendit et supplia le Frère qui l'occupait de le lui céder.

Le bon Frère acquiesça volontiers à ce désir, et notre saint religieux put se livrer en paix à son amour du silence et de la prière.

Il était d'usage dans l'Ordre, aux Quatre-Temps de Carême, de conférer la prêtrise aux sujets préparés à l'exercice du saint ministère par plusieurs années d'études. Le jour de l'ordination, on avait coutume de prier un prédicateur en renom de prêcher devant les jeunes ordinands et devant la foule accourue pour jouir de ce touchant spectacle.

Il arriva cette année que le prêtre désigné

ERMITAGE DE MONTE-PAOLO.

† GROTTE DE St ANTOINE.

(D'après une ancienne gravure).

par l'évêque de Forli fit défaut, et celui-ci, assez embarrassé, pria le provincial de choisir lui-même le prédicateur.

Après quelques démarches infructueuses le Frère Gratien, saisi d'une inspiration céleste, désigna le Frère Antoine pour prendre la parole devant la docte assemblée.

Quel dut être le trouble du jeune religieux lorsqu'il reçut cet ordre, et que, debout dans la chaire, le cœur battant sous les centaines de regards tournés vers lui, il commença son sermon !

Mais à mesure qu'il développait le texte choisi : *Le Christ s'est rendu, pour nous, obéissant jusqu'à la mort*, une transformation soudaine s'opérait en lui. La voix, un peu voilée d'abord, s'élevait sous les voûtes du temple comme un instrument aux sons mélodieux, tandis qu'une grande paix descendait dans son âme.

Le silence était profond. On écoutait avec étonnement ce jeune maître en éloquence, tout à l'heure perdu dans son humilité, et placé, dès cet instant, au premier rang des prédicateurs.

Tout était irréprochable dans son discours : l'élévation de la pensée, l'exposition de la doctrine, le feu sacré qui se communique aux âmes, le geste, l'attitude, le regard.

Les cœurs restaient suspendus à ses lèvres, et lorsqu'Antoine eut terminé son sermon, bien des yeux étaient mouillés de larmes. Mais nul n'était plus ému que le Frère Gratien, ce bon Père provincial à qui l'on devait la découverte d'un tel trésor. Il se hâta de prévenir François d'Assise du don que Dieu avait fait à leur Ordre, et le saint patriarche s'écria en levant les mains au Ciel : « Enfin nous avons un évêque ! »

Chapitre Quatrième.

*Souvent l'amour pénètre où la science des
choses de la nature ne saurait atteindre...*
(*L'abbé de Verceil.*)

SAINT François d'Assise caressait depuis longtemps un projet qu'il n'avait pu jusqu'ici mettre à exécution. Il voulait fonder à Bologne, à deux pas de cette Université déjà célèbre en Europe, un cours officiel de théologie pour les Frères de son Ordre.

En recevant la nouvelle de la floraison splendide de cette fleur si suavement parfumée, saint François n'hésita plus. Il écrivit ces lignes, que la *Chronique des vingt-quatre Généraux* nous a heureusement conservées :

« A mon Très Cher Frère Antoine, F. François : Salut en JÉSUS-CHRIST.

» Il me plaît que tu enseignes à nos Frères la sainte théologie, de manière toutefois à ne pas laisser s'éteindre en toi et dans les autres l'esprit d'oraison et de piété, selon qu'il est prescrit dans la règle. Adieu. »

Antoine se soumit aussitôt, car son obéissance égalait sa piété. Il quitta son ermitage au sein duquel il avait goûté tant de joies intimes, et prit le chemin de Bologne où il se mit à enseigner.

Bientôt, il ne fut plus question, dans le nord de l'Italie, que du jeune prédicateur, dont l'éloquence et le savoir étonnaient les vieux maîtres.

Laissant les sentiers battus des discussions académiques, il entre résolument dans une voie nouvelle. Fidèle à la devise qu'il s'est choisie : *Connaître, aimer*, il proclame le dogme, non seulement avec une lucidité et une puissance sans égales, mais avec tous les attraits d'une charité ardente.

Sa science étonne les esprits, la flamme de son amour embrase les cœurs. Sa dialectique met en lumière les côtés les plus obscurs de la scolastique, et les foules le suivent profondément touchées, comprenant, comme elles ne l'ont jamais compris, l'enseignement sublime de la Foi.

Peu d'orateurs ont remué les masses comme saint Antoine de Padoue ; peu ont amené plus de conversions sincères.

Mais aussi comme il flagelle les vices, qui abaissaient les consciences à cette époque troublée !

L'orgueil, l'usure, la simonie, les mœurs vénales ou corrompues, n'ont pas d'adversaire plus éloquent.

Avec une audace qui puise sa force dans sa tendresse pour les pauvres, il tonne contre les exploiteurs du peuple ; il est impitoyable pour l'égoïsme et le luxe effréné des princes.

D'autres fois, il chante la nature créée par le Souverain Maître, car il est poète comme son Père saint François, qu'une simple fleur ravissait. Il emprunte ses plus riches comparaisons à l'univers ; le ciel, les étoiles, les océans, les montagnes, les oiseaux, l'insecte même, lui fournissent des métaphores heureuses, des enseignements divins. Aussi le peuple l'acclame, les grands se pressent autour de sa chaire, les enfants agitent des palmes devant lui. C'est un triomphe ; triomphe surtout pour les âmes qui s'en reviennent à Jésus-Christ.

Bientôt la réputation de l'humble religieux traverse les villes; on l'appelle au loin, les temples les plus vastes ne peuvent contenir les foules accourues pour l'entendre. Antoine prêche sur les places publiques, au milieu des champs, au bord d'un chemin, et le succès va toujours grandissant.

Il faut tout dire. Non seulement ce prédicateur étonne : il ravit, il subjugue, il éclaire ; mais sa parole va droit au cœur, elle fait aimer l'homme de Dieu. Voilà pourquoi les populations s'attachent à ses pas, voilà pourquoi elles reprennent pour lui plaire le chemin des cathédrales, et s'en reviennent à Dieu à la voix de cet apôtre tant aimé.

Parfois, quand sa parole ne suffit pas, Antoine lève les mains vers le Ciel, et à sa prière, comme autrefois à celle de son divin Maître, le miracle courbe les fronts. Il prêchait à Verceil en 1224, en l'église de Saint-Eusèbe; docile à son appel, la foule se pressait dans le saint lieu ; et cependant quelques cœurs résistaient à la grâce.

Antoine lisait dans ces esprits rebelles comme dans un livre ouvert, et, pour les convaincre, son sermon se changeait en prière.

Au milieu du silence, troublé seulement par la voix puissante du prédicateur, des cris et des sanglots se font entendre tout à coup. Un convoi funèbre vient d'entrer dans le temple et se dirige vers une chapelle latérale. Ces cris, ces sanglots, ce sont ceux d'une mère qui suit le cercueil de son unique enfant, un bel adolescent que la mort lui a ravi en quelques heures, et dont on peut voir les traits à jamais flétris. Ceux qui l'accompagnent pleurent, eux aussi, en présence d'une douleur si amère.

Antoine, du haut de la chaire, a vu le lugubre convoi, il a entendu les appels de la mère éplorée ; il se tait, saisi d'une inspiration divine.

A ce silence inattendu, tous les regards se tournent vers lui. Que se passe-t-il ? pourquoi le prédicateur interrompt-il son exorde ? pourquoi des larmes inondent-elles son visage ? pourquoi ses mains se sont-elles levées vers le Ciel ?

Un frisson court de proche en proche.

Ce silence subit, les cris de cette mère en deuil, cette attente angoissée qui précède les grandes choses, tout dit que l'instant est solennel.

Quelques minutes s'écoulent ; la vie semble suspendue dans l'auditoire, les poitrines sont haletantes, le religieux prie toujours.

Tout à coup, il abaisse son regard vers la terre, sa main s'étend sur le cercueil où gît l'enfant inanimé, et d'une voix surhumaine il crie : *Au nom de Jésus-Christ, mort, lève-toi !* Et, plein de vie, l'enfant se dresse; il secoue son suaire et tombe ivre de joie dans les bras de sa mère en pleurs.

Le soir même, les pécheurs les plus impénitents revenaient à Dieu, et épanchaient leurs âmes rafraîchies dans le cœur du grand Thaumaturge.

Dès que le Carême prit fin, laissant son meilleur ami, Thomas Gallo, abbé de Verceil, à ses doctes travaux, Antoine reprit le chemin de Bologne.

Saint François d'Assise, sur le point de quitter la terre, avait les yeux fixés sur le midi de la France, où l'hérésie des Albigeois désolait les consciences et accumulait les ruines.

Il réfléchissait et priait.

A la nouvelle des conversions éclatantes qui suivaient les prédications d'Antoine, saint François comprit que la divine Providence le désignait pour les grandes luttes théologiques. Il lui écrivit donc de se rendre à Montpellier, lui confiant, disait-il, deux postes d'honneur : à l'intérieur, la rénovation des études théologiques, et à l'extérieur, la croisade contre l'hérésie renouvelée des Manichéens.

Toujours docile, le pieux disciple dit adieu à ses frères de Bologne, et franchissant les Alpes au mois de septembre 1224, il parut à Montpellier, où il recommença bientôt la série de ses triomphes.

Chapitre Cinquième.

> Il foula aux pieds la sagesse du siècle ;
> prudent selon DIEU, il préféra servir
> la gloire du Père céleste.
> *(Ant. des prem. Vêpres de S. Antoine.)*

LA ville de Montpellier venait d'avoir l'honneur de réunir dans ses murs un concile provincial. Plusieurs évêques et d'éminents théologiens s'y étaient donné rendez-vous pour rechercher ensemble les moyens de rendre la paix religieuse aux peuples du Midi, troublés par l'hérésie des Manichéens.

On sait de quels sophismes et de quels blasphèmes les sectateurs de cette monstrueuse doctrine se rendaient journellement coupables.

Ils niaient la souveraineté de l'Eglise, condamnaient son enseignement, profanaient les saintes images, brûlaient les ornements sacerdotaux, ravageaient les temples.

Et comme ce n'était pas assez de s'en prendre à la doctrine et au rite, les Albigeois condamnaient le mariage et ne se faisaient aucun scrupule du mensonge.

CHAPITRE CINQUIÈME. 45

Ils avaient érigé en principe le monstrueux sophisme : *Jurez et parjurez-vous, mais ne révélez pas votre secret.*

Au reste, leur extérieur était grave et austère afin d'inspirer la confiance; mais, à l'intérieur, leurs mœurs étaient très déréglées. Comme aujourd'hui, parmi les membres de la Franc-Maçonnerie, un secret inviolable devait être gardé sur leurs doctrines et leur enseignement.

Le peuple s'était laissé séduire par ces hommes ambitieux et hardis qui flattaient ses passions ; les princes eux-mêmes favorisaient sous main les hérétiques.

Raymond VII, comte de Toulouse, violant la promesse faite au pape de combattre l'hérésie, ménageait l'erreur pour se conserver quelques partisans.

Tel était l'état de la société dans le Languedoc, lorsque saint Antoine y arriva. Il se mit dès le lendemain en mesure de combattre l'erreur, portant l'enseignement sacré dans la chaire et à la tribune.

Bientôt on l'appela à Nîmes, à Bourges, à Alby, à Toulouse, ce boulevard de l'hérésie.

Et en France comme en Italie, les peuples, rassemblés à sa voix, se pressaient sous la chaire du haut de laquelle il exposait la doctrine de l'Église.

Pour récompenser un zèle aussi ardent pour la gloire de son nom, Dieu le combla du don des miracles. On peut dire qu'à partir de cette époque, les prodiges naquirent sous ses pas.

Il prêchait à Montpellier en 1225, le matin d'une fête solennelle ; le clergé de la ville et de nombreux fidèles étaient accourus autour de lui.

On écoutait dans le plus profond silence cette belle argumentation qui peu à peu faisait pénétrer la lumière dans les consciences, quand tout à coup on voit le prédicateur s'arrêter, pâlir et se taire.

Une émotion indescriptible s'empare de l'assemblée, les cœurs cessent de battre, tous les regards sont fixés sur le saint.

Une transformation étrange, incompréhensible s'opère dans le serviteur de Dieu. Son front se courbe sous son capuce et dérobe ses traits aux assistants.

CHAPITRE CINQUIÈME. 47

Ses deux mains s'appuient sur le bord de la chaire, tout son être semble s'affaisser, s'immatérialiser, se soustraire.

L'anxiété est sur tous les visages, les lèvres s'agitent, les bras se tendent comme pour le soutenir. Antoine est-il souffrant ? Dieu va-t-il rappeler son serviteur à lui ?

La vision dura longtemps, une heure, disent les chroniqueurs, puis ce corps abandonné se ranima, sa belle tête reprit son expression de candeur et de force, et Antoine poursuivit son sermon, au milieu de quelle émotion, il n'est pas besoin de le dire.

Voici ce qui s'était passé :

Il était d'usage, dans l'Ordre des Franciscains, aux fêtes solennisées, que deux Frères dignitaires de la maison chantassent l'alleluia au chœur, à certain point de l'office.

Or, c'était ce jour-là le tour d'Antoine, et lui, si fidèle observateur de la règle, il l'avait oublié...

Il venait de se le rappeler au milieu de son exorde, et son cœur s'était attristé à la pensée de cet oubli involontaire.

En ce moment même, on en était arrivé à cette partie de l'office où l'on devait chanter l'antienne.

Les moines virent tout à coup le Frère Antoine qui, tout à l'heure, n'était pas parmi eux, s'avancer au milieu du chœur et remplir modestement son office, puis regagner sa stalle et disparaître.

DIEU venait de récompenser le zèle de son serviteur par le don de bilocation.

Un second prodige frappa les esprits en cette même année 1225.

Antoine venait d'être nommé lecteur en théologie, et, durant les rares moments de loisir que lui laissaient la prédication, l'étude et la prière, il avait composé un livre de science mystique. C'était un commentaire sur les Psaumes.

Le pieux auteur y travaillait avec une patiente ferveur, se reposant des fatigues de son apostolat par la lecture des textes sacrés.

Son travail était à peu près terminé, quand un matin, rentrant dans sa cellule, Antoine ne le retrouva plus.

Un novice, tenté par le démon de l'orgueil, s'en était emparé, et, profitant de la nuit, s'était enfui du couvent. Le saint fut douloureusement affecté de cette perte, et, dans un élan de la confiance admirable qui ne l'abandonnait jamais, il se mit en prière.

En cet instant, le coupable côtoyait une rivière gonflée par des pluies récentes. Le manuscrit serré contre sa poitrine, il songeait au profit qu'il pouvait tirer du fruit de son larcin.

Soudain, il s'arrête épouvanté. Un spectre hideux vient de surgir devant lui ; d'une main, il tient une hache, et de l'autre, désignant le manuscrit que le novice cache sous ses habits : *Au nom du Maître de l'Univers*, s'écrie-t-il, *retourne vers le serviteur de Dieu, restitue ce que tu lui as volé, ou je te précipite dans ce gouffre.*

Le malheureux, au comble de la terreur, rebrousse chemin, et court se jeter aux pieds d'Antoine, à qui il fait en pleurant le récit de ce qui vient de lui arriver.

Le bon religieux, on le comprend, lui

ouvrit ses bras, l'exhorta à la pénitence, et le novice, revenu à Dieu, reprit l'habit de saint François, qu'il ne quitta plus désormais.

C'était là, fait remarquer son annaliste, une faveur toute personnelle que le Ciel accordait à saint Antoine. Dès lors, on s'adressa à lui lorsque quelque objet de valeur se trouvait égaré, et, ajoute le vieux chroniqueur, la prière du saint religieux ne restait jamais sans une réponse du Ciel.

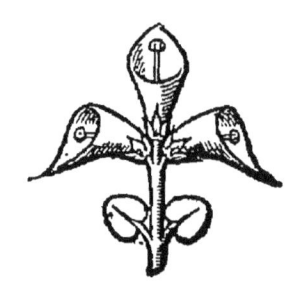

Chapitre Sixième.

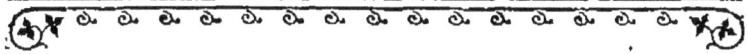

> Dans l'ardeur de l'amour qui le dévorait, ô Dieu ! Antoine vous cherchait dès l'aurore. *(Hymne franciscaine.)*

TOULOUSE la savante et la terre des preux, s'était donnée à l'erreur.

Depuis trente ans, le manichéisme y régnait en maître. Le peuple, à la suite des grands, dont il est généralement l'image, soutenait l'hérésie les armes à la main. Deux princes, Raymond VII et Amaury de Montfort, se disputaient la possession du comté, inondant de sang cette belle terre du Midi, mieux faite pour l'art et la poésie que pour la haine et les combats.

Le Languedoc tout entier subissait le joug de ces hordes impies qui, sous le nom de Cathares, Albigeois, Patarins ou Vaudois, suivaient le drapeau sanglant, sur lequel on eût pu écrire : Guerre à Jésus et à l'Église ! La licence était grande, l'anarchie extrême ; les chefs de ces sectes renouvelées de Manès, rêvaient de soustraire les peuples du Midi à l'obéissance des papes. Les crimes leur coûtaient peu, et l'on vit sous leur gouvernement des prêtres, des religieuses et de nombreux fidèles, emprisonnés, massacrés ou bannis.

Un religieux illustre, saint Dominique, avait travaillé pendant quinze ans, sans y parvenir, à éteindre ces luttes fratricides; le foyer restait toujours ardent, et la ville de Toulouse elle-même donnait asile aux principaux fauteurs du désordre.

Ce fut au milieu de cette déchéance morale et religieuse que saint Antoine reçut l'ordre d'établir son apostolat.

Il se mit immédiatement à l'œuvre, conviant tous ceux qui avaient reçu le baptême à venir écouter la parole de DIEU.

La Divinité du Sauveur était violemment attaquée. Antoine employa son talent et son éloquence à la faire resplendir. Avec la science profonde qu'il possédait, il prouva, la Bible à la main, que JÉSUS-CHRIST est bien le Messie promis par DIEU au commencement du monde, décrit par les prophètes, attendu par les patriarches, désigné par la tradition, non seulement du peuple Juif, mais aussi des Gentils et des Hindous.

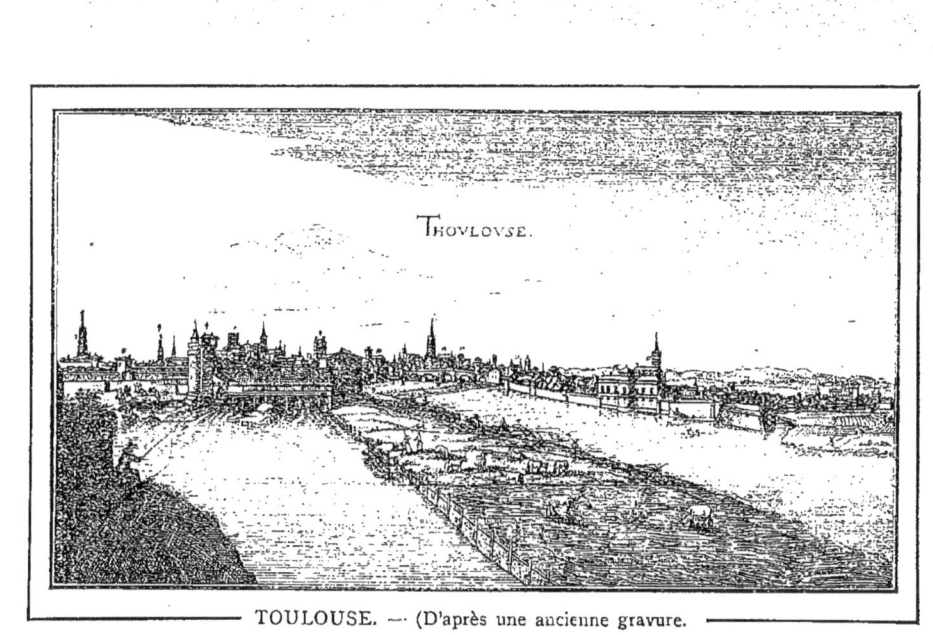

TOULOUSE. — (D'après une ancienne gravure.)

CHAPITRE SIXIÈME.

On venait de toutes parts pour entendre ce nouveau croisé, dont la jeunesse et la rare éloquence intéressaient autant que le savoir et la vertu.

Prêchant un jour à Bourges, en 1225, il se trouva parmi ses auditeurs un homme animé d'une haine farouche contre la foi chrétienne. Il était, disent les vieilles chroniques, l'un des coryphées les plus agressifs de l'hérésie nouvelle.

La démonstration du dogme de la Transsubstantiation l'avait cependant ébranlé ; toutefois, dans son satanique orgueil, il refusait de croire à la présence réelle de JÉSUS-CHRIST dans l'Eucharistie.

« Croire ne me suffit pas, disait-il au savant apologiste du divin mystère, je voudrais voir ! Il faut un miracle pour appuyer une telle affirmation. »

Antoine levait les yeux au Ciel, et pensait aux Juifs qui avaient vu les miracles de JÉSUS, et qui l'avaient crucifié.

Mais, toujours rempli de douceur et de mansuétude, il répondait à l'hérésiarque par de nouveaux arguments.

« Non, reprenait l'obstiné contradicteur, tout cela ne me convainc pas, mais si je voyais un miracle de mes yeux, je croirais...

— Vous croiriez que JÉSUS-CHRIST est réellement présent dans l'Hostie, et vous proclameriez le dogme de la présence réelle ? lui demanda le saint défenseur.

— Oui, je croirais, et je confesserais votre foi.

— Que demandez-vous ?

— Je possède une mule, reprit l'hérétique, je l'enfermerai et la laisserai à jeun pendant trois jours ; ce temps écoulé, je l'amènerai sur la place publique, en présence des habitants rassemblés, et là, je lui présenterai de l'avoine. De votre côté, vous viendrez ici avec une Hostie consacrée. Si ma mule refuse la nourriture que je lui présente et se prosterne devant vous, je croirai ! »

Ce défi fut accepté par notre bienheureux, que le Saint-Esprit inspirait.

Le jour désigné arriva.

L'hérétique, entouré d'un grand nombre de sectaires, fut fidèle au rendez-vous. Les portes de l'église voisine s'ouvrent, et An-

SAINT ANTOINE DE PADOUE DÉMONTRANT
LA PRÉSENCE RÉELLE DE N.-S. DANS L'EUCHARISTIE.
(D'après les Heures d'Anne de Bretagne, XVᵉ siècle.)

toine, le saint ciboire à la main, suivi de la foule des croyants, s'avance vers le groupe qui l'attend.

L'instant est solennel.

Arrivé au milieu de la place, Antoine commande le silence, et, au milieu de l'émotion générale, il se tourne vers la mule que son maître a placée devant lui, et lui dit : « Au nom de ton Créateur que je porte, quoiqu'indigne, dans mes mains, je t'enjoins, je te commande, ô être privé de raison, de venir immédiatement te prosterner devant Lui, afin que les hérétiques reconnaissent que toute la création est soumise à l'Agneau qui s'immole sur nos autels. »

O miracle ! par la toute-puissance de Dieu, la mule, dédaignant l'avoine que son maître lui présente, s'avance sans hésiter, et, se prosternant devant l'Hostie, semble adorer Celui devant qui tout genou fléchit au Ciel, sur la terre et dans les enfers.

Le triomphe fut grand. Les catholiques célébrèrent ce prodige par de solennelles actions de grâces ; un grand nombre d'hérétiques se convertirent, et parmi eux le propriétaire de la mule, qui abjura publiquement ses erreurs (1). Les conversions furent même si nombreuses à cette occasion, que saint Antoine reçut le nom de *Marteau de l'hérésie*. C'était d'ailleurs, on ne saurait trop le répéter, un marteau dont les coups étaient toujours tempérés par une charité parfaite. Sa douceur égalait son savoir, et l'espérance de ramener un pécheur ne lui fit jamais commettre une seule faute contre la prudence chrétienne.

« Son âme, dit son annaliste, était un jardin fécondé par la rosée de la grâce, un parterre embaumé où s'épanouissaient les fleurs du Ciel qui se nomment l'humilité, la sagesse, l'esprit de pauvreté, la ferveur, une pureté angélique. On ne se lassait pas d'admirer l'élégance de ses manières, la noblesse de son caractère, sa douceur, son affabilité. En chaire, au confessionnal, avec les prêtres ou avec les fidèles, toujours et

---

1. Une église fut bâtie par le nouveau converti en souvenir du miracle. C'est Saint-Pierre-le-Guillard ; on y voit un tableau très ancien représentant le miracle de la mule.

partout il gardait cet esprit de prudence qui tient les rênes des vertus, et cet oubli de soi qui conquiert toutes les sympathies. En un mot, il était béni de DIEU et chéri des hommes (1). »

A ce tableau fidèle tracé par un contemporain, les générations qui se sont succédé ont ajouté le tribut de leur reconnaissance, pour les nombreux bienfaits dont elles sont redevables à saint Antoine.

Nous avons vu déjà combien était touchante sa confiance envers la Sainte Vierge. Cette inclination si vive de son enfance était devenue un ardent amour qui rayonne sur toute la vie de notre aimable saint. C'est lui qui transforme le sacrifice quotidien en oblation fervente ; lui qui pondère toutes ses actions, soutient sa vaillance dans le combat, lui fait, en quelque sorte, oublier la vie matérielle pour ne songer qu'aux âmes.

Aussi Antoine ne pouvait-il entendre, sans en être blessé au cœur, les versets de l'office de Prime que l'on récitait chaque

---

1. Ms. de Lucerne.

année le 14 août, et qui faisaient une réserve formelle sur l'Assomption de Marie.

Ce moment, qu'il appréhendait, était arrivé ; l'on était à la veille de la fête, au 14 août 1225.

Assis dans sa cellule, la tête dans les mains, Antoine était profondément anxieux. L'heure de *Prime* allait sonner à l'église du monastère, et il devrait entendre ces paroles contre lesquelles protestaient ses croyances les plus intimes. Que faire cependant ? Manquer à l'office serait une infraction grave à la règle ; s'y rendre et écouter, sans protester, ces mots qui le blessent au cœur, est une épreuve au-dessus de ses forces. Dans cette extrémité, qui lui arrachait des larmes, Antoine tomba à genoux, et, élevant les mains vers le Ciel, il pria.

Alors, ô prodige ! les murailles de l'humble cellule s'éclairèrent de mille rayons plus brillants que ceux de l'astre du jour, et, au centre de cette gloire, Marie, la divine Vierge, apparut. Penchant la tête vers Antoine, ravi dans une sublime extase, elle lui dit ces paroles : « Sois sûr, ô mon fils, que ce corps, qui a été l'arche vivante du Verbe incarné, a été préservé de la corruption et de la morsure des vers. Sois également sûr qu'il a été transporté le troisième jour, sur l'aile des anges, à la droite du Fils de Dieu où je règne. »

En entendant ces mots, tombés des lèvres de Marie Immaculée, Antoine eut un avant-goût des délices qui l'attendaient au Ciel. Il comprit que cette vision était la douce récompense de sa foi, et lorsque la radieuse apparition eut disparu, il rejoignit ses frères, et leur parla longuement de l'Assomption de Marie au Ciel.

Cette apparition, et les paroles de la Sainte Vierge, lui communiquèrent une nouvelle force dans la défense du miracle de l'Assomption, qui n'eut jamais un défenseur plus convaincu que saint Antoine de Padoue.

Chapitre Septième.

> O vie religieuse, c'est de toi que parlait le Prophète quand il disait : Quittez les cités, allez habiter les rochers, soyez comme la colombe qui fait son nid dans le creux de la pierre. *(Saint Antoine.)*

Antoine avait trente ans, et déjà son nom était sur toutes les lèvres et sa mémoire dans tous les cœurs.

La sagesse de son enseignement doctrinal, le succès de sa prédication, l'esprit divin qui planait sur toute sa personne, ses mérites éclatants, les miracles qui éclosaient à sa voix, tout cet ensemble de vertus et de prodiges, commandait l'admiration et le respect.

Les supérieurs, on le comprend, appréciaient hautement le bonheur de posséder dans l'Ordre un tel auxiliaire, et le jour où le Gardien du Puy-Velay vint à mourir, ils élevèrent, d'une voix unanime, Antoine à cette dignité. Que de sagesse, que de douceur et en même temps que de fermeté ne faut-il pas à un Supérieur d'Ordre ! Antoine en fut le plus parfait modèle. Sous sa prudente administration, la vertu prit un nouvel essor, les conflits s'apaisèrent et la piété refleurit.

SAINT ANTOINE DE PADOUE.
(D'après un bas-relief de Luca et Andrea delle Robbia. — Loggia di S. Paolo, à Florence, XVe siècle.)

Il réalisait l'idéal du Gardien, tel que saint François l'avait défini : « Je voudrais, écrivait le saint patriarche, qu'ils fussent affables envers leurs inférieurs et leur témoignassent tant de bonté, que ceux-ci ne craignissent jamais de leur confier leurs fautes. Je voudrais qu'ils fussent modérés dans le commandement et miséricordieux devant les faiblesses; qu'ils supportassent les coupables plutôt que de les blesser par des réprimandes ; que, tout en étant les ennemis du péché, ils fussent les médecins des pécheurs ; en un mot, que leur vie fût pour les autres un parfait miroir de régularité. »

Tel fut saint Antoine dans la mission réformatrice qui venait de lui être confiée. Il arrivait au Puy, précédé d'une réputation d'éloquence et de sainteté ; aussi les habitants l'accueillirent-ils avec la plus grande faveur.

La foi était restée vive parmi ces populations du Velay, bien différentes de celles du Languedoc. La tâche du bienheureux était donc moins ardue, et ses soins destinés plutôt à guérir les cœurs qu'à éclairer les esprits.

Il y avait quelques dissidents cependant parmi ce peuple resté généralement pur ;

aussi, dès son arrivée, Antoine tourna vers eux ses efforts et ses soins.

Un homme faisait le scandale de la ville. C'était un notaire très riche, et dont l'exemple par conséquent était plus pernicieux. Chaque fois que le Gardien le rencontrait dans les rues du Puy, il le saluait avec déférence ; mais, loin de lui plaire, ces marques de politesse finirent par l'exaspérer.

Un jour qu'Antoine le saluait avec plus de respect encore, le notaire s'emporta, et l'arrêtant d'un geste, il lui demanda pourquoi il faisait toutes ces simagrées.

« Mon frère, répondit Antoine, c'est que je pense au bonheur que vous aurez un jour, et dont moi je serai privé.

— De quel bonheur voulez-vous parler ?

— Le plus grand bonheur ici-bas, reprit Antoine, celui de souffrir le martyre pour Jésus-Christ. »

Le notaire rit de ces paroles et s'éloigna, persuadé que notre saint cherchait à l'impressionner pour mieux le convertir.

Trois ans plus tard, Etienne III, évêque du Puy, fit appel à ses diocésains, les engageant à le suivre en Terre Sainte, où il voulait aller prier au tombeau du Sauveur.

Touché par un rayon de la grâce, le notaire se présenta l'un des premiers. Ils partirent donc en assez grand nombre, sous la conduite de leur évêque. Arrivés en Palestine, ils furent malmenés par les Musulmans, et le notaire, s'avançant courageusement vers eux, leur cria que Mahomet n'était qu'un imposteur et que Jésus-Christ était le Fils de Dieu.

Arrêté aussitôt, il fut condamné à mort, et il expira après trois jours de souffrances, réalisant ainsi la prophétie de saint Antoine.

Antoine cependant poursuivait sa mission évangélique. Les chroniqueurs nous le représentent prêchant, tour à tour, à Châteauroux, à Arles, à Aurillac, à Brionne. Sa voix vibrait, tantôt sous la voûte des cathédrales, tantôt sous l'humble toit d'une église de hameau, tantôt sous le dôme des chênes, à la clarté des étoiles ou sous les feux d'un ciel embrasé. Et partout le même accueil enthousiaste l'attendait ; il passait les mains pleines de pardons, laissant après lui les pécheurs convertis, les justes fortifiés, les œuvres écloses à sa voix, et ces vocations sublimes qui sont l'honneur et la gloire de la société chrétienne. Il passait, et la paix passait avec lui, répandant sa semence féconde, et les âmes s'envolaient vers DIEU, dans un *Sursum corda* enthousiaste et fécond.

Vers la fin de l'année 1225, l'Église de France réunit un concile dans la ville de Bourges. Il s'agissait de rechercher les moyens de s'opposer à l'erreur qui menaçait d'envahir le Berry et les provinces voisines.

Près de cent évêques, six archevêques, un grand nombre d'abbés et de supérieurs d'Ordres, s'assemblèrent sous la présidence du Légat du Pape. Qui donc prendra d'abord la parole devant cette noble et imposante assemblée ?

Ce sera l'humble Franciscain.

Saint Antoine fut choisi pour prononcer le discours d'ouverture, et l'on peut croire qu'il le fit avec la sagesse et l'éloquence qui le caractérisaient.

En 1226, nous le voyons à Arles, où il

préside, avec les supérieurs de son Ordre, un Chapitre provincial, recevant les félicitations de ses frères, heureux de le compter parmi eux. Tous désiraient l'entendre ; aussi prêcha-t-il le jour de l'Exaltation de la Sainte Croix. Il prit pour texte le titre même de la Croix : *Jésus de Nazareth, Roi des Juifs*, et il s'éleva, disent ses contemporains, à une hauteur qui émerveilla la docte assemblée.

François d'Assise, leur Supérieur général courbé par l'âge et les austérités, n'avait pu présider le Chapitre. Son cœur, on le comprend, y était néanmoins tout entier. Un des Frères, très pieux et très affectionné au saint patriarche, déplorait surtout son absence. Il s'appelait Frère Monaldo. Ses regrets étaient vifs et une prière ardente montait à ses lèvres pour le Père, que la divine Providence retenait loin des siens. Soudain, pendant qu'Antoine prêchait, il vit saint François planer sur l'auguste assemblée, les bras étendus en croix, puis la bénir et disparaître.

Lui seul eut ce bonheur; toutefois il y eut une telle béatitude dans tous les cœurs en ce moment, que les Frères admirent sans conteste la vision de Frère Monaldo.

Ce fut le dernier prodige de saint François sur cette terre. Quelques jours plus tard, il rendait sa belle âme à Dieu, laissant à Antoine, avec sa bénédiction, une partie de son autorité.

A la même heure, dit le P. de Chérancé, se déroulent les scènes de la courte épopée militaire dont Louis VIII est le héros. Ayant pris la croix au concile de Paris, il marche résolument contre les Albigeois, soumet Lyon et Avignon, s'avance jusqu'aux portes de Toulouse, et se sent arrêté par la mort au milieu de ses succès (8 nov. 1226). C'est dire que le bienheureux arriva en Auvergne au plus fort de la mêlée. Mais, quoique toutes ses sympathies soient pour le roi de France, qui représente ici le droit et la justice, il n'abordera pas la question politique. A Limoges, comme à Toulouse, il fera l'œuvre de Dieu, l'œuvre d'un apôtre et d'un pacificateur, avec moins d'obstacles et plus d'éclat.

L'Auvergne sera sa terre de prédilection ; il y versera plus abondamment ses sueurs, il y sèmera plus de miracles, et ces miracles seront autant de bienfaits, dont le pays conservera un ineffaçable souvenir.

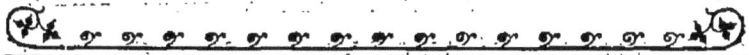

Chapitre Huitième.

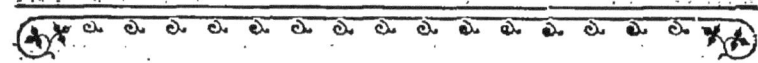

> Ils se levaient avant l'aurore, s'efforçant de se devancer les uns les autres, et couraient au lieu de la prédication.
>
> *(R. P. Hilaire de Paris.)*

AVANT de se séparer pour reprendre leurs travaux apostoliques, les Franciscains nommèrent Antoine, Custode de Limoges.

C'était un nouvel hommage rendu à sa science et à son inépuisable activité. Antoine eut dès lors sous sa juridiction tous les couvents dépendant de la maison de Limoges.

Quand les habitants de cette ville apprirent l'arrivée du saint Thaumaturge, ils lui préparèrent une réception grandiose. Chacun se félicitait de pouvoir contempler enfin celui dont la parole produisait des merveilles. On redisait les miracles opérés à sa voix, on vantait la douceur de son commerce, la beauté de ses discours, les vertus héroïques dont son âme était parée. Et tous ceux qui avaient des grâces à demander, des faveurs à obtenir, escomptaient d'avance la bonté du bienheureux; car le cœur est ainsi fait, il ne donne que pour recevoir....

Ici comme à Arles, comme à Brionne et à Bourges, aucune église ne se trouve assez vaste pour contenir la foule. Il fallut qu'il prêchât en plein air ; une chaire fut dressée sur la place des Arènes, et saint Antoine, suspendu entre le ciel et la terre, fut, là encore, ce puissant médiateur dont l'attachante histoire nous émeut après six siècles écoulés.

Il ne borna pas toutefois son zèle à la ville de Limoges.

Nous le voyons, de 1220 à 1222, parcourir le Limousin, nu-pieds comme son divin Maître, un bâton noueux à la main, son chaste corps serré dans une robe de bure, qu'une corde soutient autour des reins.

Il parcourt les campagnes, gravit les monts, descend dans les plaines, instruisant les uns, consolant les autres, bénissant les enfants qui s'attachent à sa robe et ne veulent plus le quitter.

Et, devant lui, le démon bat en retraite,

cherchant plus loin à dresser de nouveaux pièges, qu'Antoine renverse d'un signe de la main.

Sa tâche terminée, il rentre dans son couvent et se retrempe dans la prière.

Au milieu des Frères confiés à sa garde, saint Antoine se montrait tel qu'un père au milieu de ses enfants. La fermeté de sa direction était tempérée par une mansuétude parfaite ; aussi était-ce plus que du respect que les moines portaient à leur Custode, c'était une affection sans bornes.

D'éclatantes faveurs furent la récompense de sa triple couronne de pureté, d'obéissance et de pauvreté. Il arriva, un soir, exténué de fatigue à la porte d'un manoir et demanda, au nom de JÉSUS-CHRIST, qu'on voulût lui donner l'hospitalité.

Le maître de céans l'accueillit avec déférence, et ordonna à ses domestiques de lui servir à souper. Son frugal repas terminé, saint Antoine se retira, et, malgré la fatigue, se mit à genoux pour réciter son oraison. Pendant qu'il priait, une clarté subite inonda tout à coup la chambre ; telle était son intensité, qu'elle se répandit jusqu'à l'extrémité du château.

Le seigneur de Châteauneuf ne s'était point encore retiré dans ses appartements ; il songeait au moine qui était son hôte, et vers lequel il se sentait attiré. Il sortit donc de la pièce où il se trouvait, mais lorsqu'il eut fait quelques pas, il resta interdit à la vue d'une lumière éclatante qui venait de l'extrémité du château. Conduit par son bon ange, il se dirigea vers la chambre d'Antoine, et, collant sa figure contre les interstices de la porte, il fut témoin d'un spectacle merveilleux.

Le saint religieux, à genoux au milieu de la pièce, la figure ravie, tenait dans ses bras l'Enfant Jésus qui lui souriait tendrement. C'était le Ciel transporté sur la terre. Une joie toute divine envahit l'âme du châtelain à cette vue.

Saint Antoine était entouré d'une clarté céleste, et l'air semblait embaumé des plus suaves parfums. Le sire de Châteauneuf, à cette vue, ne put retenir un cri d'admiration, et, s'agenouillant contre la porte, il adora l'Enfant-Dieu.

Quelques instants plus tard, la vision disparut, et Antoine, confus d'avoir été surpris au milieu de ces divines conso-

APPARITION DE L'ENFANT JÉSUS
A SAINT ANTOINE.

lations, supplia son hôte de lui en garder le secret. Il le lui promit, et ce ne fut qu'après la mort de notre bienheureux qu'il le confia à ses amis.

Les annales du temps nous apprennent que, parcourant le Limousin, en l'année 1226, saint Antoine s'arrêta à Brive. Un habitant de cette ville, aussi charitable que dévoué aux Franciscains, lui offrit sa maison pour y établir une communauté.

Antoine accepta avec reconnaissance cette offre généreuse, et bientôt plusieurs postulants se présentèrent.

Le saint les accueillit avec joie, et ils fondèrent ensemble un nouveau couvent de l'Ordre. Des faits merveilleux vinrent les confirmer dans leur résolution de fuir le monde et de se consacrer à DIEU.

Une nuit, en se levant pour se rendre à l'office, les Frères virent, avec effroi, une bande de maraudeurs occupés à dévaster la vigne d'un bienfaiteur de la communauté. Ils avertirent aussitôt le Frère Antoine qui, loin de se troubler, leur recommanda le plus grand calme. « Rendez-vous au chœur,
» leur dit-il ; ceux que vous voyez là-bas,
» occupés à ravager la vigne de notre
» bienfaiteur, ne sont que des démons qui
» veulent, en jetant l'épouvante dans votre

CHAPITRE HUITIÈME. 79

» cœur, vous détourner de votre devoir.
» Soyez donc sans crainte, vaquez en paix
» à la prière ; demain, rien ne paraîtra de
» leur infernale besogne. »

La prédiction du Frère Antoine se réalisa de tout point. A l'aube, les Frères virent, avec un étonnement mêlé de joie, que la vigne voisine était dans toute sa fraîcheur et sa beauté.

Un second prodige, plus surprenant encore, mit le comble à la confiance des habitants de Brive envers saint Antoine.

Un jour, le Frère chargé de confectionner le frugal repas vint dire à son supérieur que les provisions étaient épuisées, et qu'il ne restait rien pour préparer le dîner.

Antoine, toujours confiant dans la bonté de la divine Providence, fit simplement connaître ce dénûment à l'une des bienfaitrices du couvent.

Touchée d'une telle détresse, cette dame envoya à l'instant sa servante cueillir, dans le jardin de son habitation, les légumes nécessaires à la confection du repas des

Franciscains, et lui ordonna de les porter au couvent.

Or, il pleuvait à torrents, et la servante hésitait à remplir sa mission, car le couvent était assez éloigné de l'habitation de sa maîtresse. Toutefois, sur l'ordre de celle-ci, la pauvre fille partit malgré la pluie, et remit au Frère Antoine les oignons qu'elle avait arrachés à son intention. Mais en rentrant une heure plus tard chez sa maîtresse, la servante constata que ses vêtements n'avaient reçu aucune goutte de pluie, bien que le mauvais temps n'eût pas cessé un seul instant.

Dieu témoignait, par ce prodige, de la tendre protection dont il entourait, non seulement son serviteur Antoine, mais ceux mêmes qui lui étaient dévoués.

Une tradition constante nous apprend que ce miracle eut lieu le 4 août 1226. Depuis, chaque année, vers cette époque, une foire, appelée foire aux Oignons, se tient à Brive, sur la place Sainte-Ursule, en souvenir de ce prodige.

A l'exemple du saint fondateur de son

BRIVE. — GROTTE DE LA FONTAINE MIRACULEUSE DE SAINT ANTOINE DE PADOUE.

Ordre, l'apôtre de Jésus-Christ cherchait souvent, dans le silence et la retraite, une union plus parfaite avec son Créateur.

Parcourant, en missionnaire, les environs de la ville, il découvrit un site désert, très favorable à la méditation. Le souvenir des jours bénis passés à Monte-Paolo était toujours présent à sa pensée ; il résolut donc de s'arrêter quelque temps dans cette solitude.

Près d'une fontaine aux eaux vives, Antoine découvrit une grotte taillée dans le roc. Il s'y établit avec quelques compagnons, et, durant plusieurs mois, caché au monde, mais plein de mérites devant Dieu, le pieux Franciscain se retrempa dans la prière et la méditation, ne sortant de sa retraite que pour remplir ses devoirs de missionnaire et de Supérieur.

Les historiens du Thaumaturge citent plusieurs prodiges qui s'accomplirent dans la grotte de Brive, pendant le séjour d'Antoine.

Le plus éclatant, celui qui rend à jamais célèbre ce lieu béni, fut une apparition de la Sainte Vierge à son serviteur.

Un jour, qu'il priait Marie avec sa ferveur habituelle, le démon, furieux de ne recueillir que des défaites, se présenta tout à coup à notre saint. Il saisit Antoine à la gorge, cherchant à l'étrangler. Dans ce péril imminent, Antoine tourna sa pensée vers Marie, et, faisant le signe de la croix, il récita sa prière favorite : *O gloriosa Domina !* Alors, au milieu d'un nimbe éclatant, la Reine du Ciel lui apparut, forçant ainsi le démon à prendre la fuite.

A Saint-Junien, où il se rendit ensuite, il annonça que le démon renverserait la chaire préparée pour le recevoir, et qu'il n'en résulterait aucun danger, ce qui eut lieu. Au reste, à Solignac, à Saint-Pierre des Queyroux, à Masseret, à Uzerche, partout enfin où il portait ses pas, des prodiges signalaient sa venue. Ici, c'est un pauvre pécheur qui ne peut accuser ses fautes, tant les sanglots brisent sa voix, et à qui saint Antoine, ému de compassion, dit avec bonté : « *Va, et écris-les sur une feuille de parchemin.* » Le pécheur obéit, rapporte au bienheureux la longue liste de ses crimes et, à mesure qu'il les lit, un ange en efface les lignes, de sorte que, lorsqu'il arriva à la fin, la page était entièrement blanche.

Là, il sauve de la mort un enfant tombé dans une cuve d'eau bouillante. Plus loin, à la prière d'une mère éplorée, qui s'écrie en tendant les mains vers lui : « *Mon fils est mort, ayez pitié de moi !* » il répond, comme le divin Maître : « *Allez, le Seigneur aura pitié de vous.* » Et, rentrée chez elle, cette femme retrouve son fils souriant dans le berceau où elle l'avait laissé tout à l'heure livide et glacé.

Plus loin encore, c'est un jeune moine qu'il délivre d'affreuses tentations.

Et le peuple, remué jusqu'au fond des entrailles au spectacle de cette puissance unie à tant de bonté, ne sachant plus quel nom donner à celui qui le subjugue et le ravit, lui décerne, d'une voix unanime, le titre glorieux de SEMEUR DE MIRACLES.

Mais l'heure va sonner où Antoine devra quitter cette terre de France, si tendrement aimée, qu'il a comblée de ses faveurs et sanctifiée par sa présence.

Heureux le sol qu'il a foulé et qui gardera son empreinte! Antoine peut s'éloigner à présent, il peut diriger ses pas vers les contrées lointaines qui l'attendent, les peuples du Midi garderont intact le souvenir de son séjour parmi eux. Les années passeront, les siècles succéderont aux siècles, et des plaines de la Provence aux montagnes du Languedoc, sa mémoire se dégagera lumineuse du tumulte des temps. Les luttes des partis, les ravages des armées, le bouleversement des empires et des royaumes, tout s'oubliera, mais les cœurs resteront attachés au puissant Thaumaturge qui les a arrachés à l'erreur.

La moisson récoltée sera la digne récompense du *Semeur de Miracles*.

Chapitre Neuvième.

> Je vous donnerai des lèvres éloquentes et une sagesse à laquelle vos ennemis ne pourront résister. *(Le divin Maître.)*

SAINT François d'Assise n'était plus. Cette âme, toute de feu, s'en était retournée au séjour de lumière. Antoine avait pleuré, plus qu'aucun autre, ce Père si tendre et si doux, que la fleur elle-même s'inclinait à sa voix.

Le moment est venu des grands sacrifices, des oblations nécessaires. Antoine se voit enlevé à ses prédications si chères et si fructueuses ; il lui faut dire adieu à cette terre de France qui a été pour lui une seconde patrie, plus précieuse encore que la première, car il y a semé, avec abondance, les vérités divines, et la récolte a dépassé toutes ses espérances.

Il laissait derrière lui des milliers d'âmes régénérées, des milliers de cœurs battant à l'unisson du sien ; il le savait, bien des yeux se mouilleraient à l'annonce de son départ ; mais lui voyait, dans une consolante vision et dans un avenir prochain, les dernières querelles s'éteindre, l'hérésie se dissiper.

Encore quelques années, et ce sol, qu'il a arrosé de ses sueurs, sera pacifié ; Blanche de Castille unira l'héritière des comtes de Toulouse à son fils cadet, et, préparant alors le règne glorieux de saint Louis, elle tiendra d'une main sage et ferme les rênes de l'État.

La Providence s'est manifestée par la voix de ses supérieurs, et, le regard en haut, Antoine se dirige vers l'Italie, car c'est à Rome que ses frères l'ont envoyé.

Le but de ce voyage est resté un secret ; plusieurs historiens croient qu'il n'est pas sans analogie avec la nomination du successeur de saint François, comme directeur de l'Ordre.

Antoine quitta Limoges au mois de février 1227, accompagé d'un Frère Mineur, et dirigea ses pas vers la Provence.

Un jour que, fatigués et couverts de sueur, ils traversaient une bourgade, une pauvre femme les aperçut cheminant vers

Marseille. Elle eut compassion de leur détresse, et, s'avançant, les engagea à se reposer chez elle.

Ils acceptèrent humblement.

Tout heureuse de recevoir sous son toit des hommes portant la livrée du Christ, elle s'empressa de placer devant eux le pain et le vin de l'hospitalité, mais, ne possédant aucun verre, elle courut en emprunter un à sa voisine. Quand elle l'eut rempli, elle le plaça sur la table et s'éloigna. Le Frère qui accompagnait saint Antoine, voulant le porter à ses lèvres, fit un mouvement maladroit, et le verre, si charitablement prêté, s'échappa de ses mains et se brisa.

En même temps, la pauvre femme, qui s'était rendue au cellier, s'aperçut que, dans son empressement à servir ses hôtes, elle avait oublié de fermer le robinet du tonneau; le vin s'était répandu sur le sol. Elle rentra tout éplorée à la maison, car c'était une grande perte pour elle, eu égard à sa pauvreté.

Saint Antoine fut ému de ce double malheur arrivé à cette chrétienne si bienfaisante, et se couvrant le visage de ses mains, il pria...

Il pria. Comprenons tout ce qu'il y a de grand, de puissant et de fort dans ce seul mot : il pria. Comme une flèche qui va droit au Ciel, sa prière alla au cœur de DIEU. Et à mesure qu'elle montait, un rayon de la puissance divine descendait sur le moine. Soudain, les morceaux du verre se réunirent, se soudèrent, et reprirent leur première forme, et en même temps un vin nouveau, pétillant, généreux, emplit le tonneau vide tout à l'heure.

Une hymne de joie et de reconnaissance monta aux lèvres de cette femme à la vue d'un tel prodige, mais le bienheureux se déroba au plus tôt aux remercîments et aux louanges de son hôtesse.

Enfin, après bien des fatigues, Antoine arriva à Rome, la veille de la Semaine Sainte.

Qui nous dira les saints transports de cette âme embrasée, en entrant pour la première fois dans la capitale du monde catholique, inondée pendant trois siècles du sang des martyrs, et resplendissant enfin de sainteté et de force !

Grégoire IX gouvernait l'Église ; il avait été l'ami et l'admirateur de saint François : c'est dire qu'il protégeait l'Ordre qu'il avait fondé. Il accueillit, avec une faveur toute particulière, le religieux si humble et si élevé à la fois, et, pour lui témoigner son estime, il lui donna la mission d'annoncer au peuple romain les indulgences de la Semaine Sainte et de prêcher la croisade contre les hérétiques.

Saint Antoine s'acquitta de cette double mission avec sa science et son éloquence habituelles, et bientôt les Romains se donnèrent rendez-vous au pied de sa chaire.

Aucun peuple n'est mieux préparé pour écouter la parole de Dieu et s'assimiler le divin enseignement, quand à la force du discours se joint la magie du langage. L'éloquence qui a sa source dans le cœur, va droit au cœur, et quel cœur fut jamais plus brûlant que celui de saint Antoine ?

La ville de Rome regorgeait d'étrangers, venus de loin pour assister aux fêtes de

Pâques. Tous voulurent entendre ce moine au timbre d'or, au geste puissant, ce dompteur des âmes qui courbait sous le joug du Seigneur les plus fiers et les plus rebelles.

Il prêchait le jour de la Résurrection et, dans son vaste auditoire, il y avait des représentants de toutes les nations, la plupart ne connaissant que leur langue maternelle. Et cependant, en sortant du saint lieu, tous avouaient avoir compris le prédicateur. Français, Grecs, Slaves, Portugais, Italiens, Allemands même, chacun de ces peuples avait pu croire que le saint prêchait dans sa langue : le miracle de la Pentecôte s'était renouvelé.

Ce fut à cette occasion que Grégoire IX lui décerna le titre d'*Arche vivante de la Bible*.

Au lendemain de cet éclatant triomphe, Antoine reprit son bâton et partit, seul cette fois, à travers les plaines de l'Ombrie. Ce pèlerinage tout filial s'imposait à son cœur, car c'était vers Assise, le berceau du fondateur de son Ordre, que le saint dirigeait ses pas. Il marchait, l'âme ensoleillée, le regard fixé sur le mont Sabase, qu'il apercevait au loin, et le cantique de son enfance et de sa jeunesse lui monta aux lèvres.

> « O glorieuse Reine des Vierges,
> Vous êtes plus sublime que les astres du ciel ;
> Porte du grand Roi,
> Palais étincelant de lumière éternelle.
> Applaudissez, ô nations rachetées ! »

Enfin, le soir vint où la course fut interrompue. Antoine gravit la côte qui conduit à ce nid d'aigle qui domine la vallée, et, s'agenouillant, il baisa la terre foulée tant de fois par le séraphique apôtre de l'Italie. Il se rendit ensuite à l'église St-Georges, où reposait le corps de son Père spirituel, et, collant son front sur son tombeau, il pria longtemps.

Quelques jours plus tard, le Chapitre de l'Ordre des Frères Mineurs s'assembla, et nomma Jean Parent, de Florence, successeur de saint François. C'était un religieux d'une grande ferveur et d'un esprit éclairé, qui poursuivit, avec gloire, l'œuvre du séraphique apôtre.

Un an s'était à peine écoulé que Grégoire IX inscrivait au livre d'or de l'Église et plaçait sur les autels l'illustre fondateur du Tiers-Ordre.

Chapitre Dixième.

> En avant, toujours en avant pour les âmes !
>
> *(Saint Antoine.)*

LE Chapitre de 1227, désirant retenir en Italie le religieux qui faisait sa gloire, déchargea saint Antoine de ses fonctions de Custode, et le nomma provincial de Bologne.

Antoine revit donc la ville témoin de ses premières victoires, mais il ne s'y arrêta pas.

Laissant la vieille cité universitaire à ses querelles académiques, il se dirigea vers Rimini, l'antique Arimini, placée comme défense entre l'Adriatique et la chaîne des Apennins.

C'était l'époque troublée des dissensions politiques et religieuses. L'hérésie dissolvante des Manichéens avait pénétré chez ces populations toujours avides de nouveautés et si amies de la discorde, que la paix, cette paix divine qui fut l'adieu du Sauveur à ses apôtres, n'y était plus comptée au nombre des biens d'ici-bas.

Les luttes quotidiennes des Guelfes et

des Gibelins, les premiers, partisans de l'indépendance nationale, les seconds, soutenant l'Empire germanique, inondaient les Romagnes d'un sang généreux. Le désordre moral, qui marche de pair avec la discorde civile et l'indifférence religieuse, était la triste conséquence des luttes fratricides des partis.

Comment, en effet, servir Dieu, suivre les lois de l'Eglise, songer à son âme, quand la politique arme les citoyens les uns contre les autres ?

L'erreur marchait tête haute et bannière déployée, lorsque parut, l'éloquent Mineur. Fidèle à sa devise : *En avant, toujours en avant pour les âmes !* il commença aussitôt son saint ministère.

Mais ici, et pour la première fois, Antoine ne recueillit que de l'indifférence.

En vain déploie-t-il l'art magique de la parole, l'argumentation savante, la force du missionnaire ou la douceur de l'apôtre ; en vain jette-t-il aux échos ces belles phrases qui soulevaient les masses à Toulouse, à Arles, à Bourges ; en vain adjure-t-il ce

RIMINI.
(D'après une ancienne gravure.)

peuple de rentrer en lui-même, d'entendre la parole de Dieu, rien ne touche ces natures de granit ; seul le vice a des attraits, seule l'hérésie, cette fille aînée du vice, fait loi.

Quelques-uns venaient bien l'entendre le sourire aux lèvres, prêts à applaudir l'orateur comme un nouveau Cicéron, car la beauté du langage pouvait les charmer encore ; mais l'élan se bornait à ces démonstrations extérieures, le cœur n'y était pour rien.

Antoine se recueillit.

Un matin, en célébrant la sainte Messe, il eut une intuition toute divine ; il pensa : « Puisque les hommes refusent d'écouter ma voix, j'en appellerai à la puissance de Dieu. »

Il s'en alla donc par les rues de Rimini, faisant signe aux marins et aux enfants de le suivre, et lorsque la foule curieuse l'eut entouré, il se dirigea vers la plage, à l'embouchure du fleuve.

Le peuple marchait derrière lui, se demandant ce qui allait advenir.

Quand Antoine fut arrivé au bord de la mer, il rangea la foule derrière lui, et, étendant la main vers l'Adriatique, il cria : « Poissons des fleuves, poissons des mers, écoutez. C'est à vous que je vais annoncer la parole de Dieu, puisque les hérétiques refusent de l'entendre. »

Il se fit aussitôt un grand remous dans les eaux, les ondes frémirent, comme si le Créateur lui-même eût commandé aux flots, et tout ce monde des poissons, vivant au sein des mers, accourut à la voix de celui qui les avait appelés. Ils se rangèrent les uns derrière les autres, les plus petits en avant, puis les moyens, puis les plus grands, ayant tous la tête tournée vers le serviteur de Dieu.

Et au milieu d'un silence rempli d'effroi pour ce peuple infidèle qui assistait au miracle, saint Antoine commença son sermon.

« Mes frères les poissons, leur dit-il, vous devez à votre Créateur une reconnaissance sans bornes. C'est lui qui vous a assigné pour demeure ce noble élément et ces immenses réservoirs ; c'est lui qui vous ménage, pour refuge dans la tempête, la profondeur des eaux ; c'est lui encore qui vous donne des nageoires pour courir où il vous plaît, et vous fournit la pâture de

LE MIRACLE DES POISSONS.

chaque jour. En vous créant, il vous a commandé de croître et de vous multiplier, et il vous a bénis. Lors du déluge universel, pendant que les autres animaux périssaient dans les flots, il vous a conservés. Il vous a fait l'honneur de vous choisir pour sauver le prophète Jonas, fournir le cens au Verbe incarné, et lui servir de nourriture avant comme après sa Résurrection. Louez donc et bénissez le Seigneur qui vous a favorisés entre tous les êtres de la création. »

Antoine se tut, et les poissons, comme s'ils eussent compris ce discours, remuèrent la tête, donnant ainsi des signes visibles d'acquiescement aux paroles du saint Thaumaturge.

Alors, se tournant vers la foule qui augmentait à chaque instant : « Voyez, s'écria-t-il, et constatez vous-mêmes que les habitants des eaux honorent mieux le Seigneur que ne le font les hérétiques et les pécheurs. »

A la vue de cette merveille, le peuple de Rimini fut remué jusqu'au fond de son être, les hérétiques eux-mêmes accoururent de tous côtés pour être témoins de ce prodige, et, tombant aux pieds de cet homme dont la puissance surhumaine les écrasait, ils le supplièrent de les instruire et de leur pardonner.

Antoine commença sur-le-champ la démonstration des vérités évangéliques.

Il parla longtemps, commentant les saintes Ecritures, dessillant les yeux des uns, touchant le cœur des autres ; et lorsqu'il eut fini, il put constater avec joie que la moisson avait été abondante. La plupart s'étaient prosternés ; beaucoup se frappaient la poitrine en pleurant.

Se tournant alors vers les poissons demeurés attentifs, Antoine les bénit et les congédia. Et tout ce peuple nautique s'enfonça aussitôt dans les abîmes de la mer.

Antoine demeura encore trois semaines dans cette ville régénérée ; il eut la consolation de recevoir la rétractation solennelle d'un des principaux chefs de l'hérésie, livré corps et âme, depuis trente ans, à l'erreur albigeoise.

Ces conversions cependant ne laissèrent pas de soulever la colère de quelques grands pécheurs réfractaires à la grâce. Poussés par le démon, dont la rage impuissante cherchait un aliment nouveau, ils invitèrent Antoine à dîner, dans le dessein de l'empoisonner. Le divin Maître était descendu chez Zachée; Antoine accueillit leur demande avec sa bonté habituelle, et se rendit chez l'un d'eux. A peine à table, l'Esprit-Saint lui dévoila le crime qui se préparait contre sa personne; élevant aussitôt la voix, le Thaumaturge leur reprocha leurs criminelles intentions.

Mais l'un d'eux, sans se troubler, et avec l'astuce satanique de l'erreur, lui posa ce dilemme : « Ou vous croyez à l'Évangile, ou vous n'y croyez pas. Si vous y croyez, pourquoi douter de l'accomplissement de la promesse de votre Maître : *Mes disciples chasseront les démons, et les poisons ne leur nuiront pas.* » Si vous ne croyez pas à la parole de l'Évangile, pourquoi l'annoncez-vous? Prenez donc ce poison, mangez ce plat préparé pour vous donner la mort, et, s'il ne vous fait aucun mal, nous jurons d'embrasser la foi catholique.

— Je le ferai, répondit saint Antoine, non pour tenter DIEU, mais pour vous prouver combien j'ai à cœur le salut de vos âmes. »

Et, faisant le signe de la croix sur le

mets empoisonné, l'intrépide missionnaire le mangea.

Il y eut un moment d'anxieuse attente parmi les sectaires dévoués à sa perte; puis, voyant que le poison était impuissant, et que le bienheureux n'en ressentait aucun malaise, ils louèrent le Seigneur, et rentrèrent dans le giron de l'Église.

Chapitre Onzième.

> Qu'ils sont beaux, sur la montagne, les pieds de celui qui évangélise la paix, qui évangélise le bonheur !
> (*Les Livres saints.*)

EN quittant Rimini, saint Antoine s'en fut à travers la mer Adriatique, sur les côtes d'Illyrie. Il s'arrêta à Venise, à Goritz, à Udino, à Gemona, et partout sa voix s'élevait contre l'hérésie et la corruption du siècle.

Enfin, le voici à Padoue, la ville chère à son cœur, celle dont il portera un jour le nom glorieux jusqu'aux confins du monde.

Il y arriva la veille du Carême 1228, et y commença aussitôt la série de ses merveilleux sermons. A quelle source divine dut-il s'abreuver pour changer la face de cette ville coupable, livrée à toutes les jouissances et à toutes les erreurs ? Il trouvera pour elle des tendresses infinies ; plus que toute autre il l'aimera, et lui aussi pourra s'écrier comme l'un des admirateurs de Savonarole : *Io son pazzo di te*, car le zèle et l'amour l'emportèrent sur leurs ailes à des hauteurs qu'il n'avait point encore atteintes.

Aussi, à peine sa voix a-t-elle lancé ces touchants appels qui font vibrer les âmes, à peine ce peuple, enivré de folles jouissances, a-t-il entendu le cri d'alarme que le Franciscain lance du haut de la chaire, qu'il accourt, se presse et acclame. Magie de la parole, mélodie de la voix humaine au service de la beauté divine, tu opères, toi aussi, des merveilles !

Huit jours après son arrivée à Padoue, il n'y avait plus, dans la ville, d'église assez vaste pour contenir le peuple. On se donnait rendez-vous dans la campagne, et, dès l'aurore, ou voyait toutes les routes sillonnées d'étrangers, arrivant de loin pour entendre le puissant orateur.

Le clergé, ayant à sa tête son évêque, est le premier à donner ce noble exemple. Puis vient la population tout entière : riches et pauvres, militaires et paysans, avocats et écoliers, négociants et artistes, grandes dames et femmes du peuple, vieillards courbés par l'âge, enfants qui ne comprennent point encore, tout ce monde est là, attentif et fidèle, attendant l'heure qui tarde trop à sonner.

Antoine paraît enfin, et le silence le plus complet s'établit parmi ces masses groupées pour le voir et l'applaudir.

Il parle, et le recueillement succède au silence, les enfants eux-mêmes se taisent ; on l'écoute pendant plusieurs heures, oubliant la fatigue et les mesquines préoccupations de la vie, tout à sa parole entraînante, tout aux fruits de salut qu'elle fait éclore.

Lorsqu'il descend de sa chaire improvisée, on s'empresse autour de lui, les femmes coupent dans sa robe, les mères lui présentent leurs enfants, les pécheurs s'agenouillent à ses pieds, et lui, humble et confus dans ses plus beaux triomphes, cherche à se dérober aux acclamations dont il est l'objet.

Ce labeur surhumain dura quarante jours, et, à l'heure où l'Église entonna l'*Alleluia*, il y eut grande joie au Ciel et sur la terre, car un grand nombre de pécheurs étaient revenus à Dieu.

PADOUE. (D'après une photographie.)

La moisson des âmes rachetées fut si abondante, que les prêtres et les religieux ne suffirent pas pour entendre les confessions ; on dut appeler les Frères Mineurs des villes voisines ; jamais la fête de Pâques ne fut célébrée à Padoue comme en cette année bénie de 1228.

Si saint Antoine aima la ville qui lui avait donné tant de consolations, on le comprend ; aussi, dès ce jour, les miracles ne se comptent plus. C'est presque quotidiennement qu'il guérit des malades, qu'il ressuscite des morts, qu'il répand des bienfaits ; l'esprit de Dieu plane sans cesse sur lui, Antoine lève les yeux vers le Ciel et le miracle sollicité s'accomplit aussitôt.

Nous voudrions pouvoir citer tous ces traits, mais une analyse rapide ne pourrait suffire à faire comprendre tout ce qu'il y a à la fois d'humain et de surnaturel, de tendre et de fort dans les miracles de saint Antoine.

Il compatit à toutes les peines, aux plus petites comme aux plus grandes. Ici, c'est une dame de qualité, tombée dans une mare infecte et qui n'ose affronter la colère de son mari. D'un geste, saint Antoine efface la boue immonde, et l'étoffe, souillée, reparaît dans tout son éclat. Là, c'est une petite fille qu'il délivre de crises épileptiques, à la demande de son père ; plus loin, une enfant infirme depuis sa naissance, qui marche subitement. Un malentendu fut l'occasion d'un de ses plus attachants prodiges.

Un jeune homme s'était accusé en confession d'avoir frappé sa mère d'un coup de pied. Saint Antoine, douloureusement ému en entendant l'aveu de cette faute, s'écrie : « O mon fils, le pied qui frappe une mère mériterait d'être coupé. »

Le jeune homme, saisi de remords à ce reproche, rentre chez lui et, prenant une hache, tranche le pied coupable.

Aux cris de douleur qu'il ne peut retenir, sa mère accourt auprès de lui, et voyant le sang couler à flots du pied mutilé de son enfant, elle s'élance vers l'église voisine où le saint entendait les confessions, et accable le religieux de reproches pour avoir donné, dit-elle, une telle pénitence à son fils.

FERRARE. — LE PALAIS DES DUCS.

(D'après une ancienne gravure.)

Antoine eût pu se justifier facilement, car il n'avait rien ordonné de semblable, mais il baisse la tête et laisse passer l'avalanche ; puis il suit la pauvre mère qui s'en retourne en gémissant.

Le jeune homme gisait sur son lit ; le sang qu'il avait perdu et la douleur qu'il éprouvait, le mettaient à deux doigts de la mort. Antoine lève les yeux au Ciel et prie un instant en silence ; puis, prenant le pied déjà mort, il le rapproche du moignon sanglant. Il fait alors le signe de la croix sur la blessure, et aussitôt le pied s'attache, reprend vie, et le pauvre pénitent se voit subitement guéri.

Au milieu de ses labeurs, saint Antoine poursuit l'œuvre de restauration religieuse qui lui a été confiée. Aidé par les fils de saint Benoît et de saint Dominique, soutenu et encouragé par ses frères les Franciscains, il court d'un lieu à un autre, toujours sur la brèche, prêchant, confessant, réconciliant les ennemis, s'oubliant lui-même, au point que souvent, la nuit venue, saint Antoine n'avait pris d'autre nourriture que la Sainte Communion.

On l'appelait de toutes parts ; chaque jour, il recevait quelque députation le suppliant de se rendre aux désirs de ceux qui l'attendaient plus loin. Il quitta donc Padoue, après avoir rédigé, à la demande des magistrats, les sermons qui avaient changé cette ville coupable.

Son itinéraire était tout tracé.

Saint Antoine avait reçu l'ordre de se rendre à Bologne, lieu de sa résidence. En arrivant à Ferrare, on le supplia de s'y arrêter quelques jours. Il le fit avec d'autant plus de plaisir qu'il désirait y prier dans l'église de Sainte-Marie del Valo, sanctuaire élevé à la Reine des Vierges. Il y prêcha en présence d'un nombreux auditoire, exaltant les vertus de Celle qu'il aimait du plus filial amour, et dont il avait entrevu la beauté et la gloire.

Car, les annalistes de saint Antoine l'ont remarqué, à mesure qu'il avance dans sa carrière, sa dévotion envers Marie devient plus expansive et plus confiante.

Son passage à Ferrare fut marqué par plusieurs miracles. A sa voix, un enfant de six mois rendit témoignage de l'innocence de sa mère, ramenant ainsi la paix et l'honneur au foyer d'une noble patricienne indignement calomniée.

Enfin, le voici à Bologne ; mais à peine a-t-il embrassé ses frères, qu'il reçoit l'ordre de partir pour Florence, où une mission très délicate l'attend.

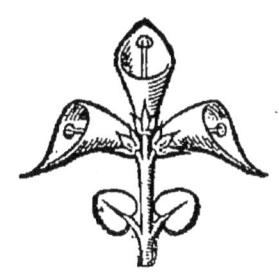

Chapitre Douzième.

> Qui me donnera des ailes comme à la colombe, et je volerai à mon asile, et je m'y reposerai.
>
> *(Saint Antoine.)*

FLORENCE, la ville des fleurs, la cité des arts et la république des lettres, eut à son tour l'honneur de recevoir le premier prédicateur de son temps, le grand entraîneur des foules, que saint Antonin appelle avec vérité un aigle pour la doctrine, et un Thaumaturge incomparable.

Qu'il est grand dans son humble habit de moine, ce fils de Thérèse Tavera, ce noble descendant des croisés ! Comme la lumière divine lui met au front une auréole plus glorieuse, plus éblouissante que la couronne princière qu'il a dédaignée !

Qui parlerait de lui aujourd'hui ?

Le nom de son père, celui de sa mère seraient-ils passés à la postérité, si leur fils, au lieu de renoncer à tout pour JÉSUS-CHRIST, eût continué leur noble lignée ? Qu'est-ce que la gloire des armes à côté de la gloire des saints ? Une vaine fumée qui se dissipe au premier souffle des tempêtes ; seule la grandeur qui repose sur la sainteté n'est pas éphémère, seule elle porte des fruits impérissables.

Le voilà donc à Florence, cet aimable saint, dont on ne sait quelle est la vertu dominante, tellement toutes brillent en lui du plus vif éclat. Il a trente-cinq ans à peine, et quel travail de géant il a fourni ! On l'a vu courir du Portugal au Maroc, du Maroc en Italie ; on l'a vu descendre des cimes neigeuses de l'Auvergne, parcourir les sentiers de la Provence, franchir les Alpes, traverser les plaines de la Lombardie, marcher tête nue sous les rayons brûlants du soleil, ensanglanter ses pieds sur les rochers qu'il gravit, un bâton à la main. Il ne court pas, il vole, là où l'obéissance l'appelle. *En avant, toujours en avant !* La mort peut le frapper, la moisson qu'il a fait lever témoignera pour lui devant Dieu. Son œuvre est terminée ; le descendant de Godefroid de Bouillon peut se mesurer avec son auguste ancêtre, la gloire du fils l'emporte sur celle de l'aïeul.

Mais aussi quelle foi admirable que celle qui commande à Dieu même! quelle piété! quel abandon dans le sacrifice! quelle ardeur dans la prière! S'il rappelle parfois, du haut de la chaire, l'archange qui combattit Lucifer, au pied de l'autel, dans son union avec Dieu, Antoine a la douceur de la colombe antique.

Sa dévotion au Sacré-Cœur de Jésus lui fait jeter des notes enflammées ; écoutez-le chanter de sa voix séraphique : *Notre autel d'or est le Cœur de Jésus. Là est l'encens qui monte vers le Ciel, là sont les parfums suaves qui embaument la terre.*

Les Florentins à l'esprit vif, au cœur chaud, devaient apprécier l'apôtre que le Ciel leur envoyait. Ils firent mieux, ils se conformèrent à sa doctrine ; ils l'aimèrent assez pour le suivre dans le chemin qu'il leur traçait.

Son action s'exerça à Florence avec une prodigieuse activité; à peine arrivé, il employa tout son génie à éteindre les feux de la guerre civile; aussi les Florentins, reconnaissants, le supplièrent-ils de rester quelque temps parmi eux. Il y consentit. Après avoir prêché l'Avent, il célébra, au milieu de cette population rajeunie et réconfortée, les fêtes de Noël et de l'Épiphanie. Il allait reprendre son bâton de moine pèlerin et marcher vers d'autres contrées, mais les Florentins le supplièrent avec tant d'insistance de prêcher les stations du Carême, qu'il ne put leur refuser cette consolation. De Florence, saint Antoine se dirigea vers Milan. Toujours cheminant, il visitait les couvents de son Ordre qui se trouvaient sur son passage, et sa venue était un rayon bienfaisant qui descendait en ces lieux de prière.

A Verceil, il retrouva en bonne santé son ami, l'abbé de Saint-André, à qui il donna rendez-vous au Ciel.

Lorsqu'il arriva à Varèse, une fièvre pernicieuse y décimait les habitants. Saint Antoine, touché des souffrances de cette population restée chrétienne, fit creuser un puits, bénit l'eau qui en jaillit, et tous ceux qui se désaltérèrent à ses ondes, furent immédiatement guéris.

Les habitants de Verceil, en apprenant ce miracle, envoyèrent quelques-uns d'entre eux demander au Thaumaturge de leur accorder la même faveur, le bon saint retourna sur ses pas, et les dota du même secours.

Il s'arrêta ensuite à Milan, puis à Vérone, où il combattit l'hérésie avec le même succès.

Une année s'écoula dans ces courses apostoliques. Il était sur le point de quitter Vérone, quand il apprit que le Pape avait ordonné la translation des reliques de saint François. De grandes fêtes devaient marquer cette apothéose. Antoine se remit donc en route, et nous le retrouvons à Assise, au milieu de ses frères, le 25 mai 1230.

Déjà, en 1228, le Pape Grégoire IX était venu poser la première pierre de la basilique qui devait contenir les reliques du patriarche séraphique. Les travaux avaient marché rapidement, et, au printemps de 1230, l'église achevée était ce bijou artistique que les pèlerins admirent encore de nos jours.

Quelle joie dut éprouver saint Antoine

en se retrouvant au milieu de ces montagnes de l'Alverne, immortalisées par les mystiques extases du saint fondateur de son Ordre !

Que de consolantes pensées, que d'idéales aspirations quand, agenouillé près des ossements du religieux que l'Eglise avait placé sur les autels, il put embrasser d'un coup d'œil la vie et la mort de celui qui avait été son modèle et son guide !

Les fêtes de la translation eurent lieu, malgré certains incidents regrettables, en présence de beaucoup d'étrangers ; elles furent d'une grande magnificence et la source de nouvelles bénédictions.

A l'issue des fêtes, on convoqua un Chapitre général des Frères Mineurs. Il se tint à la Portioncule ; saint Antoine y demanda à être déchargé de ses fonctions, afin de pouvoir se livrer tout entier au ministère de la prédication.

Le général de l'Ordre, Jean Parent, accueillit cette demande avec faveur, et pria Antoine de désigner lui-même le lieu de son séjour. Il choisit Padoue.

Il partit donc accompagné du Frère Léon, qui fut plus tard archevêque de Milan ; toutefois, avant d'y établir sa résidence, il reçut la mission de se rendre à Rome, pour remercier le Pape Grégoire IX des bienfaits dont il avait comblé l'Ordre. Il devait, en outre, solliciter du Pontife une déclaration authentique sur le testament de saint François, et lui exprimer les regrets du Chapitre des incidents survenus lors de la translation des reliques.

Le Pape accueillit avec une faveur particulière ce jeune moine, dont la parole et les actes soulevaient l'Italie, et à qui il avait lui-même décerné le titre glorieux de MARTEAU DES HÉRÉTIQUES. Il eut même un instant, disent ses biographes, la pensée de le retenir à la cour pontificale ; mais une vision rapide du bien qu'il pouvait faire encore, ne lui permit pas d'insister.

Libre de ses actions, saint Antoine se dirigea aussitôt vers Padoue.

Chapitre Treizième.

> Saint Antoine n'est pas seulement le saint de Padoue, il est le saint de tout l'Univers. *(Léon XIII.)*

QUAND les Padouans apprirent que le doux Franciscain leur revenait, ce fut parmi eux, disent les historiens du temps, une allégresse générale ; mais lorsqu'on sut qu'il y revenait de son plein gré, que Padoue était la ville de son choix, l'allégresse se changea en délire. Jamais libérateur ne fut accueilli avec plus d'enthousiasme ; il est vrai qu'il l'avait été de bien des âmes, et qu'il devait l'être aussi de son honneur.

Un homme au cœur de bronze gouvernait en ce moment les Romagnes ; soldat de fortune, il avait acquis dans les camps une grande réputation de bravoure. Il était le gendre de Frédéric II, et s'appelait Ezzelino di Romano.

Armé pour la conquête, il marchait de victoire en victoire, enlevant les villes, rançonnant les habitants, livrant à la fureur de ses soldats ce qu'il ne pouvait garder pour lui-même.

Vicence, Brescia, Vérone, étaient tombées en son pouvoir. Padoue tremblait à son tour, car l'aire du bandit dominait la ville, et à chaque heure on pouvait craindre qu'il ne donnât l'ordre de fondre sur la malheureuse cité.

Il y avait donc un peu d'intérêt dans la joie que les Padouans témoignaient de l'arrivée d'Antoine, c'est-à-dire de celui dont le bras commandait aux puissances invisibles. Ils eurent recours à lui en cette occurrence, et le bon saint, qui avait dit en parlant des Padouans : *Je les aime et ils m'aiment*, ne put rester insensible aux prières qu'ils lui adressèrent.

Comme le Pape saint Léon avait arrêté le barbare qui marchait vers Rome, Antoine résolut de se présenter au gouverneur et de réveiller dans son âme les souvenirs de ses jeunes années. Il se rendit donc au palais d'où Ezzelino lançait ses arrêts ; admis en sa présence le saint parla au nom de Dieu.

« Jusques à quand, s'écria-t-il, tyran cruel, continueras-tu à verser le sang innocent ? Le glaive du Seigneur est suspendu au-dessus de ta tête, et son jugement sera terrible. »

Devant une telle audace, le gouverneur demeura un instant indécis, ne sachant ce qu'il devait faire ; déjà, dans l'ombre, ses sbires attendaient le signal pour massacrer l'audacieux moine.

Mais une main invisible courba le front du bandit, et, au lieu de donner l'ordre de sa mort, il fléchit le genou devant le saint.

Antoine, voyant les dispositions du gouverneur, remercia la divine Providence, puis il fit signer à Ezzelino un acte de réparation, par lequel il jurait de délivrer les prisonniers qui gémissaient dans ses cachots.

Qui n'admirerait le zèle et le courage de ce bon saint ? qui ne serait touché d'un dévouement aussi sublime ? Certes, Antoine allait au-devant de la mort en posant cet acte héroïque, car si le Ciel n'avait pas retenu la main du bandit, il eût payé de sa vie ce mépris de la puissance humaine.

Vaincu, Ezzelino songea pourtant à reprendre sa parole.

Après quelques jours de réflexion, il envoya plusieurs de ses hommes d'armes vers le défenseur de Padoue.

Ils étaient porteurs de riches présents, et avaient reçu comme instruction ces paroles au moment du départ : *Offrez ces présents de ma part au Frère Antoine ; s'il les accepte, égorgez-le sur-le-champ ; s'il les refuse, revenez sans lui avoir fait aucun mal.*

La mission fut scrupuleusement remplie. Mis en présence du Franciscain, ils fléchirent le genou, et, avec des paroles flatteuses, ils lui offrirent les présents de leur maître comme gage de son amitié. Mais le saint répondit avec indignation. « Non, je n'accepte pas ces trésors, fruits des rapines de votre maître et arrachés à la sueur du peuple. Sortez d'ici ; ne souillez pas plus longtemps de votre présence une maison consacrée à Dieu. » Ils s'en retournèrent vers le gouverneur, à qui ils rendirent compte de leur mission : « C'est bien, répondit-il froidement, Antoine est un homme de Dieu, je défends qu'on lui fasse aucun mal à l'avenir. »

On comprend combien fut expansive la

— LE FAROUCHE EZZELINO DEVANT SAINT ANTOINE. —

reconnaissance des habitants de Padoue envers saint Antoine, lorsqu'ils apprirent que, grâce à son intervention, non seulement leur ville serait épargnée, mais que leurs prisonniers leur seraient rendus. Ils se portèrent à sa rencontre et l'entourèrent de tous les témoignages de la plus vive gratitude. Aussi, lorsqu'ils apprirent, quelques jours plus tard, qu'il avait reçu la mission de leur prêcher le Carême, ce fut dans toute la cité une véritable explosion de joie. Dans l'extase que leur causait cette nouvelle, ils ne voyaient pas que les forces de leur prédicateur tant aimé diminuaient sensiblement.

Il se surpassa encore dans ces nouveaux labeurs, qui durèrent depuis le 5 février 1231 jusqu'à la fête de la Pentecôte. Il prêchait non seulement dans les églises, mais dans les chapelles des couvents, sur les places et dans les carrefours. Aussi que de consolations, que de bonheur, lorsqu'il vit les derniers pécheurs se frapper la poitrine et s'agenouiller au tribunal de la pénitence !

Cette moisson, la dernière, hélas ! fut incomparablement la plus abondante, et lorsque, les fêtes étant passées, le saint reparut au milieu de ses frères, il avait au front l'auguste auréole du sacrifice accompli.

Après les grands succès, il est sage de se retremper dans la solitude. Antoine obtint des supérieurs de la province la permission de s'éloigner pendant quelque temps de ce monde qui le comblait de bénédictions et de louanges.

Il y avait, à deux milles environ de Padoue, loin des vains bruits du monde, un vaste domaine appartenant à don Tiso. Le vieux gentilhomme avait déposé l'épée pour revêtir la robe des Franciscains ; il offrit, dans ces solitudes, une retraite au Frère Antoine, qui l'accepta avec joie. Ils partirent donc ensemble, et le saint choisit, au milieu des bois, un noyer gigantesque aux rameaux puissants, à l'ombrage touffu, pour y établir son ermitage.

Aidé des Frères Belludi et Roger, il construisit une cellule dans les branches de l'arbre ; puis, disant adieu à don Tiso, qui s'en retournait à Padoue, le cœur gonflé de tristes pressentiments, il prit possession de sa retraite, et là, seul en présence de Dieu, il entrevit les splendeurs du Ciel.

L'ermitage de Campo-Sam-Pério fut le témoin d'une des visions les plus touchantes de saint Antoine.

C'était le 30 mai.

Quinze jours seulement le séparaient encore de la céleste Patrie, après laquelle il avait tant de fois soupiré. Il avait dirigé ses pas vers la colline qui, de loin, domine la ville de Padoue.

Le regard perdu dans le lointain, il voyait briller, sous les feux éclatants du jour, les blanches coupoles de ses temples, la splendeur de ses palais, l'or de ses clochetons ; les suaves parfums de ses jardins, apportés sur l'aile de la brise, montaient jusqu'à la colline du haut de laquelle le saint contemplait la ville qu'il avait tant aimée.

Soudain, le monde visible disparut à ses yeux, son âme fut transportée dans le séjour des félicités éternelles. Il vit la gloire qui lui était réservée ; il entendit les chœurs célestes célébrer sa venue ; il eut l'intuition du bonheur qu'aurait un jour la ville de Padoue, gardienne de ses ossements.

Alors, au milieu de cette extase, la main étendue vers la ville, l'apôtre s'écria : *Sois bénie, ô Padoue, pour la beauté de ton site, sois bénie pour la richesse de ta campagne, sois bénie aussi pour la couronne d'honneur que le Ciel te prépare en ce moment !*

Le Frère qui l'accompagnait recueillit ces paroles, sans en saisir le sens prophétique ; ce ne fut que quinze jours plus tard, quand ce grand cœur eut cessé de battre, que le mystère lui fut dévoilé.

Mais nous approchons du moment suprême.

C'est à genoux que nous voudrions redire la mort du glorieux Thaumaturge, de celui dont la vie fut un long épanouissement de vertus et d'amour.

Il était temps, il était juste qu'il jouît enfin du bonheur qu'il avait entrevu tant de fois, qu'il reçût la couronne qu'il avait conquise au prix de quels sacrifices, de quel zèle embrasé !

Jésus l'attend et le serviteur répond, au

milieu de sa course : « Venez, Seigneur, venez ! »

C'était vers l'heure de midi. Les deux Frères, compagnons de saint Antoine, l'appelèrent pour prendre en commun le frugal repas de chaque jour.

Toujours doux et docile, Antoine quitta les sommets où son esprit goûtait les charmes de la présence divine, et se rendit à leur appel ; mais, à peine venait-il de s'asseoir entre eux, qu'il pâlit et se sentit défaillir.

Très émus, ses deux compagnons s'empressèrent de le secourir ; ils le couchèrent sur un lit de sarments, et cherchèrent autour d'eux quelque remède ; mais le saint, averti par ce signe précurseur que l'heure de sa mort approchait, les supplia de le transporter à Padoue, où il désirait mourir.

Ils le placèrent donc sur un char et prirent silencieusement le chemin de la ville; mais sa faiblesse était si grande, qu'en y arrivant, ses Frères lui conseillèrent de s'arrêter au monastère des Clarisses, où ils trouveraient quelques Frères de leur Ordre occupés à l'hospice au soin des malades.

Antoine y consentit, et les Frères le transportèrent dans une pièce du rez-de-chaussée.

Lorsqu'il eut repris quelque force, il demanda à se confesser et à recevoir une dernière fois son DIEU. Et quand l'Hostie divine l'eut fortifié, Antoine, à genoux sur son lit de souffrance, serrant dans un dernier élan, contre sa poitrine expirante, le CHRIST pour lequel il avait combattu, les yeux levés au Ciel, entonna d'une voix mélodieuse l'hymne de sa jeunesse, qui allait être l'hymne de sa mort :

> Salut, ô Vierge élevée par-dessus les astres !
> Salut, ô Mère du Sauveur,
> *O gloriosa Domina !*

Un doux sourire errait sur ses lèvres, et son regard semblait ravi par la vue des beautés éternelles.

« Frère, que voyez-vous ? lui demanda l'un de ses compagnons.

— Je vois mon DIEU, » répondit-il.

En disant ces paroles, sa figure exprimait un ravissement infini.

Cependant ses frères, le voyant en danger, lui demandèrent s'il voulait recevoir l'Extrême-Onction.

« Je possède cette Onction au-dedans de moi-même, répondit le saint, mais il est bon pourtant de la recevoir. »

Et il tendit ses membres affaiblis pour qu'on y fît les Onctions saintes, récitant les psaumes de la pénitence avec les assistants.

Une demi-heure s'écoula ; les Frères qui l'entouraient ne pouvaient détacher leurs regards de ce visage si paisible et d'une blancheur de neige, de ces yeux qui voyaient l'au-delà, de ce calme divin, de cette sérénité dans la mort.

Le jour baissait, le soleil s'était couché derrière le monastère, la cloche sonnait pour la prière du soir. Un sourire tout céleste se posa sur les lèvres d'Antoine, et, fermant les yeux, il expira.

C'était le vendredi, 13 juin 1231. Antoine avait trente-six ans.

Chapitre Quatorzième.

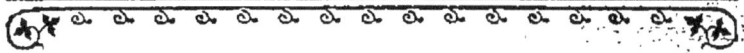

Celui qui s'abaisse sera élevé.
(Le Sauveur.)

L'ABBÉ de Verceil, ce tendre ami du Thaumaturge, souffrait d'un violent mal de gorge, quand tout à coup il vit Antoine auprès de lui. Il souriait : « *J'ai laissé ma monture à Padoue*, lui dit-il, *je m'en vais vers la Patrie.* » Ce disant, il toucha le mal de l'abbé de St-André, et celui-ci fut guéri aussitôt.

Thomas Gallo, profondément ému, voulut exprimer sa reconnaissance à son ami, mais déjà le saint avait disparu.

C'était à l'heure même de sa mort. Ce premier prodige fut suivi d'une foule d'autres que l'histoire a recueillis.

A peine saint Antoine eut-il fermé les yeux, qu'un souffle de vie nouvelle, une sorte de pieuse allégresse passa sur Padoue. Les petits enfants sortirent des maisons et parcoururent les places publiques en agitant des branches de feuillage et en criant : « Le Saint est mort! saint Antoine est mort! »

Toute la population en un instant fut sur

pied pour préparer à son bienfaiteur des funérailles splendides, témoignages de reconnaissance et d'amour.

Elles eurent lieu le mardi qui suivit sa mort, c'est-à-dire le 17 juin 1231.

Le Podestat et les plus nobles citoyens de la ville portèrent le cercueil sur leurs épaules. L'évêque Gonrad, l'Université tout entière, les Confréries, tout ce que Padoue enfin contenait de personnes valides était là.

Don Gérard célébra pontificalement le service funèbre dans la chapelle des Franciscains, pendant qu'au dehors une foule innombrable attendait l'instant où elle pourrait toucher le cercueil de son libérateur.

Et chacun vit combien était grand, auprès de Dieu, celui qui s'était abaissé toute sa vie pour le mieux servir.

Les chroniques de l'époque nous représentent le peuple de Padoue se pressant auprès des restes de saint Antoine, et la longue suite de miracles qui devaient se perpétuer durant des siècles, commencer au pied de son tombeau. Les aveugles recouvraient la vue, les sourds entendaient, les malades que l'on apportait s'en retournaient guéris, les paralytiques marchaient, les muets célébraient les louanges de Dieu.

Aussi sa tombe était-elle à peine fermée, qu'elle devint le lieu d'un pèlerinage ininterrompu.

Les miracles furent si nombreux, si éclatants, que l'évêque sollicita immédiatement du Saint-Siège les honneurs de la canonisation.

Grégoire IX occupait encore le siège apostolique ; ce fut une grande consolation pour lui, au milieu des épreuves dont l'Eglise était abreuvée, de pouvoir rendre le décret d'intronisation.

Il fit donc commencer, sans délai les enquêtes juridiques, et il institua deux commissions chargées de recueillir les faits.

L'une était composée de l'évêque de Padoue et de deux Dominicains ; la seconde comptait parmi ses membres un cardinal français, Jean d'Abbeville, archevêque de Besançon.

Après six mois d'examens et d'études, l'enquête fut solennellement close, et, un an après la mort du serviteur de DIEU, au milieu des fêtes de la Pentecôte de l'année 1232, le Pape promulgua le décret de canonisation.

Plusieurs membres de la famille de saint Antoine vivaient encore, et, parmi eux, Thérèse Tavera, sa digne mère, dont nous n'essaierons pas de peindre la joie.

On raconte qu'au moment où le Pontife romain publiait le décret de canonisation, les cloches de Lisbonne se mirent en branle bien qu'aucune main ne les eût touchées.

Une joie intense pénétra les cœurs, l'allégresse était dans l'air que l'on respirait, chacun s'interrogeait, et nul ne pouvait deviner le motif qui mettait ainsi subitement en liesse une population tout entière.

Ce ne fut qu'un mois après que l'on eut la clef de ce mystère, quand les courriers, venus d'Italie, apprirent à la famille d'Antoine et à la population de Lisbonne, que le grand serviteur du CHRIST était placé sur les autels.

TABLE DES GRAVURES.

Lisbonne. — La cathédrale.	13
Olivarès. — Monastère de Saint-Antoine	25
Assise et la Portioncule au temps de saint Antoine	30
Ermitage de Monte-Paolo. — D'après une ancienne gravure	33
Toulouse. — D'après une ancienne gravure.	53
Saint Antoine de Padoue démontrant la présence réelle de N.-S. dans l'Eucharistie. — D'après les Heures d'Anne de Bretagne, xve siècle	57
Saint Antoine de Padoue. — D'après un bas-relief de Luca et Andrea delle Robbia. — Loggia di S. Paolo, à Florence, xve siècle	65
Apparition de l'Enfant Jésus à saint Antoine.	77
Brive. — Grotte de la Fontaine miraculeuse de S. Antoine de Padoue	81
Rimini. — D'après une ancienne gravure	97
Le miracle des poissons.	101
Padoue. — D'après une photographie	109
Ferrare. — Le Palais des Ducs. — D'après une ancienne gravure	113
Saint Antoine devant le farouche Ezzelin, qui implore sa miséricorde	129

www.ingramcontent.com/pod-product-compliance
Lightning Source LLC
Chambersburg PA
CBHW060140100426
42744CB00007B/841